www.gesund.ch

Heilsame Begegnungen

www.gesund.ch

Dankeschön allen Mitwirkenden

Copyright © Herausgeber / Vertrieb:

Verlag gesund GmbH
Sarganserstrasse 48
CH-8880 Walenstadt
Tel. 081-710 25 44
Fax 081 710 25 43
e-mail: verlag@gesund.ch
www.gesund.ch

Mitwirkende:
Heilpraktiker und Therapeuten

Gestaltung: Seeztal Druck, Sarganserstr. 48, CH-8880 Walenstadt
Fotos Inhalt: diverse Autoren
Fotos Umschlag: Seeztal Druck, diverse Autoren
Druck: Gonzen Druck, Bad Ragaz, CH-7310 Bad Ragaz

Bezugsquelle: Verlag gesund GmbH

ISBN 978-3-033-04596-5   / Band 1

1. Auflage Juni 2014

Inhalt

Vorwort

Liebe Leser

Wir sind ein Kleinverlag und unterhalten das Therapeuten-Portal www.gesund.ch, mit dem Ziel, Hilfesuchende und Praktizierende einander näher zu bringen. Vor über zwanzig Jahren haben wir das erste „Naturheiler-Verzeichnis" mit gerade mal 500 Adressen herausgegeben. Heute sind es über 3500 Praktizierende unterschiedlicher Richtungen und Sie finden in nächster Nähe viele Hilfsangebote.

Alternative Heilweisen werden von keiner Lobby getragen, im Gegenteil, oft wurden sie belächelt oder gar bekämpft. Gute Erfahrungen und Heilerfolge liessen dieses Wissen jedoch nicht untergehen. Therapeuten oder Heilpraktiker nennen sich diese Berufsgruppen und sie organisieren sich in verschiedenen Verbänden und Vereinen. Auffallend ist, dass sich vor allem selbstbewusste und engagierte Frauen dafür interessieren.

Immer wieder stand bei uns die Frage im Raum: Warum wird man Therapeut? Welche Erlebnisse und Erfahrungen verbergen sich hinter diesem Beruf, der wohl meist aus einem Gefühl der Berufung gewählt wird? Schliesslich reifte der Entschluss, diese Frage weiterzureichen und die Antworten in einem Büchlein zusammenzutragen. Unserer Einladung sind viele Therapeuten gefolgt und sie haben uns ihre persönliche Geschichte erzählt.

Zu Beginn waren wir der Ansicht, die eingereichten Manuskripte nach journalistischen Grundsätzen aufarbeiten zu müssen. Glücklicherweise haben wir schnell begriffen, dass es nichts zu verbessern und anzugleichen gibt. Die Individualität, welche aus den einzelnen Berichten hervorgeht, würde darunter leiden oder sogar verloren gehen.

Sie finden hier über vierzig kurze Geschichten, die das Leben schrieb. Tauchen Sie in diese Lebenswelten ein und versuchen Sie, die Menschen dahinter zu erspüren und ihnen zu begegnen. Vielleicht erkennen Sie dabei auch sich Selbst in einzelnen Erlebnissen wieder? Oder Sie erhalten Anregungen und schöpfen Mut, sich auch auf den Weg zu machen?

Wir wünschen Ihnen anregende Lesestunden und herzliche Begegnungen.

Ihr Verlag gesund
Roland Dutler-Furrer

Heilsame Begegnungen

Der Weg zu mir

Meine Erzählung soll dich inspirieren, ebenfalls deinen Weg zu gehen, dir zu Vertrauen und dich selber zu sein.

Mit rund 27 Jahren bin ich einer lieben Freundin in einer Kinesiologie Ausbildung begegnet. Sie war und ist hellsichtig. Es faszinierte mich sehr, dass sie Aura sehen konnte. Ich sagte damals zu ihr, dass ich das bewundere. Sie meinte daraufhin: „Du bist auch hellsichtig". Okay dachte ich. Sie sagte mir auch, dass die Wesen, welche ich in der Nacht, wenn ich schlafe über mir sehe, Schattenwesen seien. Diese Wesen habe ich bereits als Kind gesehen, auch Engel. Meine Mama sagte damals, dass seien Träume, heute weiss sie es auch besser. Erst durch ihre Aussagen wurde ich mir meiner Fähigkeiten und Gaben bewusst. Ich erinnerte mich, wie ich bereits als Teenie, wenn Leute auf mich zukamen, genau wusste, was diese für Themen und Probleme haben. Damals und bis zum Tag der Kinesiologieausbildung dachte ich, dass das meine Gedanken seien. Von diesem Tag an begann für mich eine Zeit der Schulung durch meine geistige Führung. Ich nannte sie bis anhin die geistige Welt. Erst seit kurzem bin ich mir nun auch bewusst, dass dies mein göttlicher Teil in meinem Herzen ist, der immer mit Gott (der Urquelle von allem Sein) verbunden ist. Aus dieser Quelle schöpfte ich in den Vergangenen Jahren viele spirituelle Konzepte, wie z.B. das BERNARDI Profile, eine Persönlichkeits- und Potentialanalyse. Ich empfing die Idee für ein ganzheitliches Gesundheitsspiel, welches in Unternehmen und auch in privaten Haushalten eingesetzt werden kann und das Bewusstsein für ganzheitliche Gesundheitsförderungsmethoden öffnen soll. Auch der Harmoniser, ein Symbol, welches den Menschen in seiner Mitte und in der Mitte des Kosmos verankert, kam aus dieser einen Quelle.

Immer mehr erkenne ich, dass der einzige Weg, welcher zurück in den Frieden führt, der Weg über das Herz, die Liebe ist. Tagtäglich tauche ich in meine persönliche Mitte, in mein Herzchakra (Mitte Brust) ein und geniesse diesen Raum. Alles wird ruhig um mich herum. Ich spüre, dass draussen viele Menschen verwirrt, depressiv, ängstlich sind und kann durch diesen Anker besser bei mir sein.

Seit meiner Kindheit bis 27 hatte ich Kopfschmerzen. Meine Mama brachte mich zu verschiedenen Spezialisten. Erst durch die alternativen natürlichen Behandlungen und meinem Ja zu mir und meinem Potential waren sie fort. Der Nacken ist das Tor zum Himmel. Wenn wir im Fluss sind und uns für die göttlichen Inspirationen und die göttlichen Anteile von uns öffnen, dann fliesst es im Nackenbereich.

Mit meinem heutigen Bewusstsein weiss ich, dass die neuen Krankheiten, Burnout und Depressionen, und auch viele mehr durch energetische Methoden (Händeauflegen / INSHA Healing etc.) erfolgreich behandelt werden können. Burnout ist für mich ein Zeichen, dass ein Mensch viel Ruhe für seine spirituelle Entwicklung braucht. Er braucht Zeit, damit sich sein Körper an die Schwingungsveränderungen im Kosmos anpassen kann. Der Mensch soll sich ausserdem Zeit für grundlegende Änderungen in seinem Leben nehmen. Es geht so nicht mehr weiter. Dies kann sich auf seine Lebenseinstellung, auf seine Art das Leben zu leben, wie z.b. sein Arbeitstempo, Arbeitsdauer, beziehen, oder es kann auch sein, dass es dringend Zeit wird, die bestehenden Partnerschaften (berufliche und persönliche) zu bereinigen oder aufzulösen.

Nach meinem Betriebsökonomie Studium an der Fachhochschule Chur erhielt ich die Chance, dort als Projektleiterin einzusteigen. Ich startete in dieser Zeit meine Power Yoga Ausbildung und die Grundkurse in Kinesiologie. Früher habe ich immer gesagt, dass ich dann mit 40 Jahren mit Yoga und Meditation beginnen werde. Ich stellte jedoch rasch fest, dass in meinem Leben Langsamkeit und Einkehr angesagt war. Dies war wie bereits zu Beginn gesagt, der Anfang meines Bewusstwerdungsprozesses und somit auch meines Weges zur vollkommenen Gesundheit.

Es folgten dann Ausbildungen im Bereich Coaching, energetischem Feng shui etc. und einiges mehr. Heute leite ich ein Institut für ganzheitliche Persönlichkeitsentwicklung, BERNARDI – Persönlichkeit. Potential.Erfolg. Arbeite mit verschiedenen externen Trainern, Heilern, Masseuren und spirituellen Lehrern zusammen und bilde auch Coachs aus. Ich lebe meine Berufung im Beruf und auch Privat als Mama von drei Mädchen, die mich immer wieder auf Trab halten und mir zeigen, wo ich noch mehr in der Mitte sein darf. Mein Tag beginnt heute mit Meditation. Am Morgen mache ich Beratungen/Healing und springe auch mal für Massagen ein und baue mein Institut auf. Am Nachmittag geniesse ich meine Zeit mit meinen Mädels und nehme mir auch Zeit für mich. Am Wochenende sind oft Seminare.

Meine Meditation am Morgen ist mein Wellness. Ruhige Minuten, z.B. im Garten liegend und spazierenden mit meinen Mädels sind weitere Kraftpunkte, wie auch Seminare und spannende Coach/Healings mit Klienten. Ich liebe mein Leben und freue mich meine Aufgaben zu erfüllen. Mit 18 Jahren sah dies anders aus. Ich konnte damals nicht mit dem Schmerz auf der Welt umgehen. Als sehr feinfühliger Mensch spürte ich die Schmerzen und war traurig. Heute habe ich gelernt mit verschiedenen Techniken mit meinen Sensitiven Gaben umzugehen. Und ich wünsche mir von Herzen, dass all die Kinder der Neuen Zeit, das können auch ältere Personen sein, ebenfalls erkennen, was in ihnen steckt.

Ich wünsche mir von Herzen, dass die Menschen den Weg der Liebe, des ganzheitlichen Bewusstseins gehen. Wir sind ganz nahe an dieser Veränderung, denn Druck durch Krankheit und Leid bringt viele Menschen näher zu sich. Jeder kann sich entscheiden, ob er Gesundheit sein möchte. Freude, Liebe, Gesundheit ist ein Geburtsrecht. Wir sind alle göttliche Wesen. Wir sind alle Gott. Ich bin du. Du bist ich. Wir sind eins.

Anfangs 20 wollte mir jemand ausreden, dass ich Gott sei. Heute weiss ich, dass wir es alle sind. Wir dürfen uns wieder daran erinnern. Er-Innern. Es ist in dir. Es ist in jedem von uns. Deshalb braucht der Mensch Momente, wo er sich ganz auf seinen göttlichen Kern einlässt, in der Mitte seiner Brust. Lasst uns für einen Moment ganz still werden und in die Tiefe unseres Herzen eintauchen. Jetzt.

Autorin:
Lara Bernardi
BERNARDI – Persönlichkeit.Potential.Erfolg., 6005 Luzern
e-mail: lara.bernardi@bernardi.li, www.bernardi.li

Meine Metamorphose und die Entstehung neuer Schweizer Blütenessenzen

Im Jahre 1994 traf mich aus heiterem Himmel ein persönlicher Schicksalsschlag, der mein Leben radikal verändern sollte. Aus mir damals nicht nachvollziehbaren Gründen, zerbrach meine Ehe schlagartig und ohne Vorwarnung. Ich war geschockt, traurig und mein Herz schmerzte. Ich hatte das Gefühl, die Decke fällt mir auf den Kopf. Eine enorme Leere machte sich in mir breit. Meine seelisch angespannte Lage schlug sich in körperlicher Form als Bandscheibenvorfall nieder.

In dieser schweren Stunde meines Lebens traf ich per Zufall eine alte Bekannte von mir, die ich seit fünfzehn Jahren nicht mehr gesehen hatte. Sie behandelte mich mit Bach-Blüten und arbeitete energetisch an mir. Ich nahm die Bach-Blüten während drei Jahren regelmässig ein. Sie halfen mir sehr mich zu harmonisieren. Ich war so begeistert von den sanften, wirksamen Heilkräften der Natur, dass ich mich zum Blütenessenzen-Therapeuten ausbilden liess. Die Ausbildung half mir, meine Person und das was geschehen war, zu verstehen und zu verarbeiten. Meine Metamorphose begann.

Mein Drang, Blütenessenzen herzustellen, entstand zu Beginn der Ausbildung, lange bevor es in der Schulung vorgesehen war. Ich kaufte mir ein Buch über die Herstellung, las es und begann mit der Herstellung von Blütenessenzen. Als Erstes zog mich die Brombeere in ihren Bann, von der ich eine Essenz herstellte und einnahm, obwohl sie nicht zu den klassischen Bach-Blüten gehörte. Parallel zur Ausbildung stellte ich ohne Konzept, einem inneren Drang und meinem Gefühl folgend, weitere Essenzen her und nahm sie ein. Es waren keine der klassischen Bach-Blüten dabei.

Als ich mich eine Woche alleine in die Natur zurückzog und sehr spärlich lebte, verschmolz ich mit ihr. Meine feinstoffliche Wahrnehmung wurde enorm aktiviert. Intuitiv wurde ich angeleitet eine Essenz aus zwei Kalksteinen herzustellen. Diese unterstütze mich, alte überholte Verhaltensmuster aufzulösen. Ich gab der Essenz den Namen „Bereit zum Wachsen". Da ich seit Kindheit sehr naturverbunden bin und mich viel in der Natur aufhielt, spürte ich tief in meinem Herzen, dass dies der Weg ist, den ich in Zukunft gehen möchte. Kurzerhand kündigte ich nach der Ausbildung zum Blütenessenzen-Therapeuten meine Festanstellung in der Chemie, wo ich bis zu diesem Zeitpunkt Medikamente aus Naturprodukten herstellte.

In meiner anschliessenden langjährigen Bachblüten Praxistätigkeit, kamen durch meine Klienten verschiedene Thematiken auf mich zu, welche die klassischen Bach-Blüten nicht abdeckten. Sie gingen über die Grundbasis hinaus oder deckten andere Bereiche ab. In der Enzyklopädie der Blütenessenzen und anderen Fachbüchern, fand ich die entsprechenden Pflanzen, aus denen ich liebevoll und in Dankbarkeit an Mutter Erde Essenzen herstellte und sie in meiner Praxis verwendete.

Durch die wunderbare Tätigkeit der Essenzen-Herstellung in tiefer Verbundenheit mit den Pflanzen, ihren Wesen und ihren Kräften, wurde meine Verbundenheit mit der Natur noch tiefer und intensiver als sie schon war. Ich kam allmählich in Kommunikation mit der Pflanzen- und Elementarwelt. Noch weit mehr, ich wurde durch meine geistige Führung und die Natur angewiesen, aus gewissen Pflanzen Essenzen herzustellen. Dankbar nahm ich dieses Geschenk an. Andere Essenzen wiederum, die ich von meinem Intellekt unbedingt herstellen wollte, konnte ich nicht. Als ich vor der Pflanze stand, spürte ich, dass es nicht stimmig war. Dieses Gefühl änderte sich auch nicht nach mehrmaligen Versuchen über einen längeren Zeitraum.

Durch eine Kollegin wurde ich zusätzlich zu Pflanzen geführt, die ich zum Wohle der Menschheit herstellen durfte. Ihr bedeutete z.B. ihre Spargelpflanze so viel, dass sie diese etliche Male bei ihrem Wohnortwechsel mitnahm. In Kommunikation mit der Spargel stellte sich heraus, dass die Pflanze ihr beim Heilen der Blockade ihrer medialen Begabung half. Sie hatte Angst vor ihrer Hellsichtigkeit, da sie meistens ein Unglück voraus sah und damit nicht umgehen konnte.

Während der ganzen Zeit als Therapeut arbeitete ich an meiner Persönlichkeitsentwicklung weiter und ging zum Teil durch sehr intensive Prozesse. In der Natur fand ich die entsprechenden Pflanzen die mich unterstützten und harmonisierten. So half mir das Gefleckte Knabenkraut meine alten seelischen Verletzungen zu heilen, die zu einer Abschottung meines Herzraumes gegenüber den Menschen führte. Durch das Knabenkraut konnte ich mein Herz zu mir selbst und der Menschheit wieder öffnen. Auch stiess ich auf Pflanzen, die meinen spirituellen Entwicklungsweg unterstützten. So verstärkte und erhöhte die Lichtbohne „Monstranzbohne" die Schwingungsfrequenz meines Körpers und die Zierstrauch-Rose „Schneewittchen" half mir mein Potential und meine Lebensaufgabe anzunehmen und in der Materie umzusetzen.

In über 10 Jahren entstanden auf diese Weise 54 neue Schweizer Blütenessenzen aus einheimischen Pflanzen. Ca. 25% der Blütenessenzen sind in keiner Enzyklopädie zu finden. Verschiedene Personen aus meinem Umfeld machten mich darauf aufmerksam, dass ich die Essenzen einem breiteren Publikum zur Verfügung stellen sollte. Ich begriff, dass mein Entwicklungsweg, meine Metamorphose, ein kollektiver Weg ist, den die Menschheit momentan geht. Meine Frau, Marlies Bolzern Bischof und meine Freunde halfen mir, den ganzen Text zu korrigieren und zu strukturieren. In viel liebevoller Arbeit und mit grossem persönlichem Engagement entstand so die Grundlage meiner Lebensarbeit. Die neuen Themen dieser Essenzen sind Aktivierung, Schutz, Loslassen, Beruhigung, Integration, Öffnung, Selbstfindung und Stärke. Ich ehre das geniale Lebenswerk von Dr. Edward Bach und bin dankbar mit meiner Arbeit einen zusätzlichen Teil erschaffen zu haben, der sich problemlos mit den klassischen Bach-Blüten mischen lässt. So, dass auch das neue Zeitalter mit seinen neuen Themen abgedeckt ist.

Autor:
Erich Bischof, Bündtenweg 9, 4466 Ormalingen
e-mail: info@pebb.ch, www.pebb.ch

Meine Berufung im Reich der Düfte

Weg der Lebensaufgabe im beruflichen Wirken:
In meinem beruflichen Wirken bin ich als „Duftlisa" bekannt, dessen Namen aus dem Munde von Kindern meiner Klientinnen entstand. Wenn ich auf den Beginn meines beruflichen Weges zurückblicke, erfüllt mich eine grosse Dankbarkeit.

In einer emotionalen Krise begegnete ich vor 20 Jahren einer Therapeutin, die mir durch ihre Ausbildung und Erfahrung eine wertvolle Wende in mein Leben brachte. Zum ersten Mal kam ich in Kontakt mit Bach-Blüten, worauf ich sofort positiv reagierte. Wann immer ich mich psychisch geschwächt fühlte - waren dies meine Freunde, die mich stärkten.
So öffnete sich für mich damals eine neue Welt, nach der ich schon länger unbewusst gesucht habe.

Durch das Interesse mich selber näher kennenzulernen und meine persönlichen Problematiken aufzulösen, nahm ich an einer Ausbildung zur Natur-Kosmetikerin teil. In Ergänzung einer Atem-Massage-Schule und Bewusstseins-Seminaren lernte ich mich und den Sinn meines Lebens allmählich tiefer kennen.
In einem Ausbildungs-Zentrum für Therapeuten führte ich das Sekretariat und kam dadurch schnell in Kontakt mit Klienten. Da konnte ich die abgestimmte Seelenkosmetik mit ätherischen Ölen und Bach-Blüten kombiniert im Gesichts-Pflege-Bereich integrieren. Das bereitete mir so viel Freude, dass mir mein Herz aufging und die Inspirationen nur so hereinflossen. Anfangs richtete ich mich noch nach dem Gelernten - mit der Zeit vertraute ich den Eingebungen meiner Intuition und es entstanden allerlei Mischungen, die ich auf die Thematiken der Klienten abstimmte.

Heilerfolge:
In dieser Zeit erlebte ich durch die Behandlungen, dass bei einer Frau die Zysten in den Brüsten sich gänzlich auflösten, wie sie mir nach dem Arztbesuch mit grosser Freude mitteilte. Sie erwähnte, dass sie sich durch das Auflegen der Hände energetisch erneuert gefühlt hätte. Die Wärme, die aus meinen Händen herausstrahlte wurde mir dann als Energie zur Stärkung der Selbstheilkräfte bewusst.

Mit noch mehr Freude und vollem Herzblut widmete ich mich dem Mischen von abgestimmten Duft-Produkten. Diese erfüllende Berufung begleitet mich bis heute und in der Zwischenzeit habe ich mit Beigabe von Mineralsalze und Quintessenzen meine Produkte-Palette ergänzt und erweitert.

Meinen erkrankten Vater durfte ich am Sterbebett begleiten. Sein Körper vertrug die chemischen Medikamente nicht mehr und meine Aroma-Cremen boten ihm Linderung und Beruhigung. Täglich durfte ich über meine Hände heilsame Energie schenken und die Seelenblüten der Düfte nahm er dankbar entgegen, obwohl er vor seiner Erkrankung dies heftig als Okkultismus bezeichnete.

Von Klienten bekam ich oft schöne und positive Resonanzen - wie vom Verschwinden ihrer Ekzeme, Schmerzauflösung nach Auftragen von bestimmten Cremen - schreiende Kinder die zu strahlen begannen, wenn ihnen das Zahnöl auf die Backen aufgetragen wurde.

Meine neuesten Erfahrungen mit den Duft-Sprays haben folgende Resonanz ergeben: Abend-Ritual mit Duft-Spray ermöglicht bei Kindern mit ADHS-Symptom - friedlicheres Einschlafen. Wie gönne ich den Müttern diese Erleichterung für das Loslassen nach einem anstrengenden Tag.

Bei einem Duft-Vortrag hat es mit meinem Feel-Free-Spray bei einer Teilnehmerin die Migräne aufgelöst. Bei einer Kundin, die seit längerer Zeit an Neurodermitis leidet, haben sich nach dem Auftragen des Herz-Chakraöls auf dem Dekolléte die Hautflecken aufgelöst.
Für mich sind die Duft-Produkte eine Begleitung bei allen emotionalen Prozessen, die sich oft auch körperlich durch unterschiedlichste Symptome zeigen.
Einfach darauf einlassen - mit einem gewählten Produkt kann eine besondere Erfahrung entstehen. Daher lasse ich die Menschen auf mich zukommen und gehe dann auf die Wünsche ein, indem ich ein bestimmtes Produkt empfehle oder persönlich abstimme.

Erkenntnisse:
Die ätherischen Öle wirken im Emotional-Körper und dienen der Verarbeitung von gespeicherten Erfahrungen - die Bach-Blüten trösten die Seele bei schmerzvollen oder schwerwiegenden Erlebnissen und spenden dem Menschen neuen Lebensmut, Zuversicht und Lebensfreude.
Über die Haut wie auch Nase werden die Duftstoffe aufgenommen und im Körper verteilt. Je fein dosierter die ätherischen Öle, umso

tiefere Seelenwirkung - je stärker dosiert, umso stärkere Wirkung auf den Körper, so meine Erfahrung.

Das Wichtigste in diesem Wirken ist - mit der reinen Absicht - die Liebe aus dem Herzen in alle Mischungen einzugeben.

Gruppenerfahrung mit einem Duft-Experiment:
Das Thema Ur-Vertrauen ist bei den meisten Menschen durch negativ behaftete Erfahrungen blockiert und da ich dies von mir selbst kannte, wählte ich für diese Meditation den herausfordernden Duft der Narde. Ich reichte dies vor der Meditation in der Runde herum und alle Teilnehmenden stiessen auf Widerstand und es entstand eine Abwehrhaltung gegen diesen Duft. Darauf führte ich die Meditations-Gruppe in ihr Herz-Zentrum.

Dann ging ich mit dem gleichen Duft herum und mit geschlossenen Augen nahmen die Anwesenden den Duft auf. Auf keinem Gesicht sah ich noch Abwehr, alle wirkten zufrieden entspannt. Danach wollten ALLE eine Duftmischung mit diesem Duft, den sie als angenehm erdend und mit Geborgenheit fühlend, empfanden.

Von da an wusste ich für mich, was Gedanken und wiederholtes Einatmen von Düften bei Menschen zu wandeln vermögen.

Die neusten Sanaisha-Duft-Kreationen mit Quintessenzen sind themenbezogen energetisch abgestimmt. Das Aura-Feld wird befreit und der Mensch erfährt sich selbst und kommt sich in seinem Wohlbefinden und seiner Selbstliebe wieder näher.

Was mich besonders freut ist die Offenheit von einer Natur-Apotheke, welche diese von Hand gemischten Sprays neu in ihrem Sortiment aufgenommen und ihren Kunden zugänglich gemacht hat.

Neuanfang:
An mir selbst habe ich ganz speziell nach der Loslösung einer langjährigen Beziehung die Wirkung der Düfte erfahren. In dieser Phase bin ich all meinen tieferen Abgründen von Leid, Schmerz und Ängsten begegnet. Die Düfte haben mir in dieser Zeit seelische Unterstützung gegeben.

Mein Spektrum erweiterte sich durch die volle Selbständigkeit mit Duftkurse für Eltern mit Kindern und es entstanden Frauen-Austausch-Gruppen sowie Meditations-Angebote.

Es folgten immer wieder Weiterbildungen - die mich besonders interessierten, wie der Klang-Bereich mit Stimmgabeln u.v.m. Meine Klienten nutzten die umfangreichen und neuen Kreationen und schenkten mir immer wieder erfüllende „Feedbacks".

Dies hat mich bewogen meine Produkte auch an Therapie-Zentren (Therapeuten-Praxen, Yoga, und auserwählte Läden) zum Wiederverkauf anzubieten.

Meine neueste Errungenschaft sind die 14 Meridian-Sprays mit abgestimmten Edelstein-Quintessenzen. Ansprechen möchte ich alle Therapeuten, die mit den Meridianen arbeiten und offen für eine begleitende Duft-Energie-Auflösung sind (kinesiologisch getestet).

Es ist mir ein grosses Anliegen persönliche Kontakte mit Klienten und Wiederverkäufern zu pflegen.

DANKE, dass ich hier die Gelegenheit bekommen habe - mich mit meiner Berufung im Reich der Düfte zu zeigen.

Autorin:
Lisa Costacurta, Alpenblickstrasse 5, 8725 Gebertingen SG
e-mail: info@duftlisa.ch, www.duftlisa.ch

Traumatherapie

„Nicht sicher im Körper"

Eine Trauma*, verursacht durch einen anderen Menschen, eine Naturkatastrophe oder einen Unfall, kann zu einem permanenten Gefühl von Unsicherheit und Angst vor neuen Gefahren und Bedrohungen führen. Die Symptome einer Posttraumatischen Belastungsstörung** gehen verständlicherweise mit übermässiger Wachsamkeit und Schreckhaftigkeit sowie Konzentrations- und Aufmerksamkeitsproblemen einher. Jedoch im eigenen Körper nicht sicher bzw. nicht zu Hause zu sein, ist zunächst nicht so leicht nachvollziehbar.

Anhand der Arbeit mit einem Klienten, ich nenne ihn hier Herr K., möchte ich dieses Phänomen, die Hintergründe therapeutischen Vorgehens erläutern und meine Erfahrung gerne an andere TherapeutInnen weitergeben.

In einer Expositionssitzung (Exposition ist eine traumatherapeutische Methode, in der man gemeinsam mit den Klienten eine traumatische Erinnerung abruft. Das Ziel ist, dass der Betroffene das Trauma integrieren kann) erzählte er folgende Erinnerung aus seiner Schulzeit:

Er war mit seinem Freund auf dem Nachhauseweg, als ihnen eine Horde älterer Schüler auflauerte. Diese rannten wie aus dem Nichts johlend auf die beiden Jungs zu. Der Freund konnte, anders als mein Klient, instinktiv reagieren, das Weite suchen und sich in Sicherheit bringen. „Irgendetwas" hatte ihn rechtzeitig gewarnt und veranlasst, so schnell wie möglich zu fliehen. Mein Klient hatte zwar auch „irgendetwas" wahrgenommen, konnte diese Informationen jedoch nicht einordnen, als Gefahr deuten und blieb, als die Gruppe auf sie zu stob, wie angewurzelt stehen.

In einer Gefahrensituation haben wir drei Möglichkeiten, unsere Haut zu retten: Flucht, Angriff oder Totstellen, also Erstarren bzw. Dissoziation (Dissoziieren bedeutet, dass die Gefühle und Körperempfindungen abgestellt werden, so dass weder Schmerz noch Angst spürbar ist). Je nach Art der Bedrohung ist ein Angriff nicht möglich, weil, wie in diesem Fall, die Gegner zu mächtig waren. Ist man in einer Situation gefangen bildet auch die Flucht keinen Ausweg. Dem Organismus bleibt als letzte Schutzreaktion das Totstellen, um möglichst unbeschadet zu bleiben. Gegenwehr erhöht in vielen Fällen die Verletzungsgefahr. Zwar wäre Flucht für Herrn K. eine mögliche Variante gewesen, jedoch schien sie ihm in dieser Situation nicht zur Verfügung zu stehen.

In Stress- und Bedrohungssituationen reagierte Herr K. auch als Erwachsener mit Einfrieren und Dissoziation. Seine Kindheitserfahrungen liefern hierzu Antworten: Sein Vater war Alkoholiker und im Rausch unberechenbar. Da sich Herr K. als Kind nicht wehren konnte, stand ihm keine andere Möglichkeit zur Verfügung als zu dissoziieren, um die Panik aushalten zu können. Da er mit dem Täter weiterhin unter einem Dach leben musste und ihn auch liebte, schützte ihn sein Nervensystem vor den widersprüchlichen Gefühlen, indem er erstarrte, nichts mehr spürte. Dieses Programm hatte sich tief in sein Sein eingegraben und er fand sich in Stress- oder Gefahrensituationen wiederholt im Zustand der Erstarrung. Die Überzeugung, er könne seinem Körper nicht vertrauen, verstärkte sich zusehends.

Um den Organismus aus der Erstarrung zu befreien, muss er wieder die Erfahrung machen, dass er auch in Stresssituationen handlungsfähig ist und sich wehren oder aus der Gefahrenzone entfernen kann. Eine imaginierte Übung kann hierbei helfen: Der Betroffene rennt in seiner Vorstellung weg von der traumatisierenden Situation, hin zu einem sicheren Ort. Diese imaginierte Erfahrung des Laufes kann den Freeze durchbrechen und dem Körper die Erinnerung an seine Flucht- und Angriffsmöglichkeiten zurückgeben.

Hier der Ablauf: Zuerst unterstütze ich ihn dabei, den sicheren Ort zu imaginieren. Dort wartete eine Person, die ihn empfing, in Fall von Herrn K. wartete sein Grossvater, den er als Kind sehr geliebt hatte, vor seinem Haus mit offenen Armen. Der Satz „Hier bist du sicher", war ein wichtiges Element. Danach bestimmten wir den Weg weg vom traumatischen Geschehen hin zum sicheren Ort.

Nun hatte ich alle Instruktionen, die ich brauchte, um ihn in eine leichte Trance zu führen, ihn am Ort des traumatischen Geschehens starten und zu seinem sicheren Ort laufen zu lassen, wobei ich den Weg beschrieb und wiederholt die körperlichen Aspekte des Laufens, die Muskeltätigkeit, den Boden unter den Füssen, den Atem etc. betonte. Die letzten Meter rannte er förmlich und warf sich in die Arme seines Grossvaters. Während der Übung konnte man deutlich sehen, dass seine Füsse kleine Bewegungen ausführten, der Atem sich beschleunigte und der Körper in Bewegung kam. Nach dem ersten Durchgang liefen ihm Tränen der Erleichterung über das Gesicht. Nachdem er sich beruhigt hatte, besprachen wir den Ablauf, brachten einige Korrekturen an und nach einigen Wiederholungen beendeten wir die Sitzung.

Die Kindheitserinnerung an die Prügel, die er von den Schulkameraden bezogen hatte, war nur die Spitze des Eisbergs. Da Herr K. als Kind in seiner Familie sehr viel Gewalt erlebt und erlitten hat, verfügte er, anders als sein Freund der weglaufen konnte, nicht (mehr) über seine natürlichen Schutzinstinkte. In seiner Familie hätte Weglaufen oder sich zur Wehr setzen zu mehr Gewalt geführt. Seine Art zu Überleben, war einzufrieren und nichts mehr zu spüren,

Wird ein Kind permanenter Gewalt ausgesetzt, entgeht ihm die Möglichkeit, Flucht- oder Angriffsreaktionen zu lernen. Erfolgt die Traumatisierung im Erwachsenalter, können diese natürlichen Stressantworten verlernt werden, das heisst, sie sind nicht mehr zugänglich.

Herr K., der unter Schuld- und Schamgefühlen litt, wann immer er sich an die Szene erinnerte, konnte nun erkennen, dass er nicht weggelaufen war weil er nicht (mehr) über diese Stressantwort verfügte! Er verstand auch, warum er sich selbst in einer sicheren Umgebung angespannt fühlte und sich immer wieder in Situationen wiederfand, in denen er sich nicht adäquat zur Wehr setzen konnte.

Der Erfolg des zurückgewonnenen Schutzreflexes liess nicht lange auf sich warten. In einer Auseinandersetzung mit einer nahestehenden Person, die ihn früher in die Erstarrung geführt hätte, konnte er gehen und sogar die Türe hinter sich zuschlagen. Eine weitere schwierige Situation meisterte er, indem er sich verteidigen konnte.

Die Arbeit an den Kindheitstraumata von Herr K. ist damit nicht beendet, jedoch ist ein erster, wichtiger Schritt getan, die „erlernte" Hilflosigkeit hinter sich zu lassen und die natürlichen Schutzreflexe wieder zurückzugewinnen. Sich selbst schützen zu können heisst je nach Situation zu fliehen oder sich zur Wehr zu setzen. Nur dann kann sich ein Mensch „sicher in seinem Körper" fühlen.

Die körperorientierte Traumatherapie, die Atem, Körper und Bewegung in die Behandlung mit einbezieht, hilft, erstarrte Körpermuster aufzulösen und auf einer tiefen Ebene Traumata zu heilen. Ich wende in meiner Praxis neben Imaginationen auch Elemente aus dem Yoga an, indem ich gemeinsam mit den Klienten Bewegungs-, Haltungs- und Atemmuster einübe, die ihnen ein Gefühl der Ermächtigung auf körperlicher und daraus folgend aus emotionaler Ebene geben.

---

*In der Psychologie bezeichnet man eine starke psychische Erschütterung, welche durch ein traumatisierendes Erlebnis hervorgerufen wurde, als Psychotrauma. Traumatisierende Ereignisse können beispielsweise Vergewaltigung, Naturkatastrophen, Kriegseinsatz oder Unfälle mit drohenden oder tatsächlichen Verletzungen sein. Solche Ereignisse können in einem Menschen extreme Gefühle der Ohnmacht, Hilflosigkeit und/oder des Entsetzens auslösen. Die Angst- und Stressspannung klingt bei der Mehrzahl der Betroffenen wieder ab. Bleibt die erhöhte Stressspannung jedoch über längere Zeit bestehen, kann es zur Ausbildung von teilweise intensiven Symptomen kommen. Das bekannteste dieser Krankheitsbilder ist die sogenannte posttraumatische Belastungsstörung (PTBS). Ereigneten sich die traumatischen Ereignisse in der Kindheit und waren die Täter die Eltern oder andere, nahe Bezugspersonen, spricht man von einem komplexen Trauma oder einem Bindungstrauma.

** Eine posttraumatische Belastungsstörung ist eine psychische Erkrankung Einer PTBS gehen definitionsgemäß ein oder mehrere belastende Ereignisse von außergewöhnlicher Bedrohung oder katastrophalem Ausmaß (Trauma) voran. Dabei muss die Bedrohung nicht unbedingt die eigene Person betreffen, sondern sie kann auch bei anderen erlebt werden (z. B. wenn man Zeuge eines schweren Unfalls oder einer Gewalttat wird). Die PTBS tritt in der Regel innerhalb von einem halben Jahr nach dem traumatischen Ereignis auf und geht mit unterschiedlichen psychischen und psychosomatischen Symptomen einher. Häufig kommt es zum Gefühl von Hilflosigkeit, sowie durch das traumatische Erleben zu einer Erschütterung des Selbst- und Weltverständnisses.

Autorin:
Dagmar Härle, Ramsteinerstrasse 22, 4052 Basel
e-mail: info@core-consult.ch, web: www.core-consult.ch

Heilende Kunst

Eine Lebenskünstlerin im Auftrag für den HIMMELAUFERDEN
Geboren im Jahr 1982 - mit Musik und Farben in der Seele das Licht
der Welt erblickt. Mit ungefähr drei Jahren gestalte ich meine erste
Collage, ohne bewusst zu wissen, dass es eines Tages zu meiner Lebensaufgabe werden würde, bunte Bilder für das Wohl der Menschen
zu malen. Farben, Formen und das Licht inspirieren mich seit immer
und eines schönen Tages wurde mein erstes Bild geboren, welches
ich für den Frieden auf Erden gemalt habe. Daraus wurde ein wahres
Kunstwerk, denn ich liess mich von der Intuition, von meinem Herzen führen. So kam es, dass ich anfing Bilder, aus tiefster Seele -
Bilder über, und für unsere Mutter Erde, zu malen.

Viele Menschen waren zutiefst berührt und begeistert von diesen
farbenfrohen Acrylcollagen. Das motivierte mich sehr und ich fing
an, mich mit ihnen zu verbinden und malte ihnen persönliche Hei-
lungs- und Seelenbilder.

Seit ich 15 Jahre alt bin, interessiere ich mich für Psychologie und
Philosophie, studiere täglich und erkenne den Menschen und die
Wunder des Lebens. Die Liebe zum Menschen und zur Natur, den
Tieren und Pflanzen ist gross und es ist mein liebster Wunsch HEI-
LUNG zu schaffen auf unserem schönen Zuhause unsere Mutter Erde
Gaia.

Neben dieser wunderbaren Aufgabe Bilder malen zu dürfen, bin ich
Astrologin und Rückführungsleiterin.

Wenn der Mensch HEIL ist, dann ist auch alles was ihn und uns alle
umgibt HEIL.

Eine Lebenskünstlerin, die mit ihrer Kunst und Liebe Licht in die
Herzen der Menschen bringt. Ich freue mich auf Dein Erscheinen!
Bis bald...
Sonnengruss
Sandra Intrup

Bei Interesse für ein persönliches Heilungsbild oder ein Seelenbild
erreichen Sie mich gerne per Mail.

Autorin:
Intrup Omsurya Sandra, Poststrasse 77, 8957 Spreitenbach
E-Mail: info@omsurya.ch, www.omsurya.ch

Schicksal Brille? Die Psychosomatik meiner Augen

Wie die eigenen Erfahrungen ihren Niederschlag im Berufsleben finden.

Meine Augen waren schon immer empfindlich. Ich war Anfang 20, als nach einer Erkältung meine Augen entzündet waren und ich schlechter sah. Die Konsultation beim Augenarzt ergab, dass ich Brillen tragen sollte. Das tat ich dann auch einige Monate hindurch, obwohl ich mich manchmal fremd fühlte mit Brille und ich trotzdem manchmal lieber ohne Brille las.

Unabhängig davon begann ich zu dieser Zeit, mich mit Psychologie und Psychosomatik zu beschäftigen. In der Diskussion unter Freunden stellte sich die Frage, wie bestimmte Lebenssituationen Krankheiten auslösen können und ob es womöglich sogar einen „Krankheitsgewinn" gäbe. Bei der Überlegung, ob das auch mit mir persönlich etwas zu tun haben könnte, machte es plötzlich „klick": Ich hatte kurz vorher eine tolle neue Stelle angetreten als jüngste Sekretärin in einem amerikanischen Ingenieurbüro. Die Bewegung, die Brille aufzusetzen, abzunehmen oder interessiert über den Brillenrand hinweg zu schauen, war für mich damals der Inbegriff von Damenhaftigkeit und gab mir deutlich mehr Selbstvertrauen gegenüber den anderen lange erfahrenen Kolleginnen. Diese Aha-Erkenntnis berührte mich zutiefst, ich legte die Brille ab und sie war 30 Jahre lang kein Thema mehr für mich.

In den 80er Jahren leitete ich einen Gesundheitsverein und durfte hier unter anderem Kurse über Augentraining organisieren und mitmachen. Dabei erlebte ich zu meiner Überraschung, wie zahlreiche Menschen nach einem Tag oder sogar bereits nach einigen Stunden mit einfachen Übungen wieder in einem Ausmass besser sehen konnten, wie vorher oft jahrelang nicht! (Wobei die dauerhafte Verbesserung schon mit weiterem Üben verbunden war.)

Mich persönlich holte das Thema „Augen" wieder ein im Alter von etwa 50, nach dem Tod meines Mannes und zur Zeit der Wechseljahre. Konsultationen beim Augenarzt, Tropfen, neue Brille, alles halft und doch auch wieder nicht. Ich hatte nun jedoch eine Ausbildung zur Atemtherapeutin/Atempädagogin Middendorf angefangen und mir fiel auf, dass nach den Atemstunden meine Augen frischer, gelöster, entspannter und feuchter waren und ich wieder Freude am problemlosen Lesen fand. „Atmen für die Augen" war dann auch Thema für meine Abschlussarbeit und bei zahlreichen Kursen, die ich in den folgenden Jahren geben durfte, neben anderen Bereichen der Atemtherapie.

Um den Einstieg in den Augenkurs aufzulockern, lud ich die Teilnehmer immer zu einem kleinen Experiment ein: Alle sollen, ohne Brille, beim Fenster hinaus schauen. Dann öffne ich das Fenster, schliesse und öffne es einige Male und frage nach dem Unterschied der Wahrnehmung. Der ist für alle deutlich: beim Blick durch das offene Fenster ist die Verbindung zur Welt, zur Natur, zu allem, was draussen ist, klarer und direkter, die Farben scheinen leuchtender und intensiver und es besteht eine Verbundenheit, Gemeinsamkeit, ein Miteinander zwischen mir und der Welt draussen. Mit dem Schliessen des Fensters, und sei es noch so glasklar und sauber, wird der Kontakt unterbrochen, der Rückzug, die Trennung und das Getrenntsein, gar Isolation sind oft physisch spürbar, die Farben verlieren an Leuchtkraft und Lebendigkeit. „Wir sitzen hinter Glas" haben noch etliche Teilnehmer voller Verblüffung festgestellt. Und jedes Mal meldete sich auch sogleich jemand um zu betonen, dass umgekehrt die Brille auch einen Schutz bietet, Sicherheit gegen das Aussen, gegen das Fremde, sodass sich mancher ohne Brille „wie nackt" und schutzlos fühlt. Der Blick durch die Brille verändert den Kontakt. Bezeichnenderweise heisst die moderne Sehhilfe „Kontakt"-Linse. Der oft beschriebene Rückzug, die Trennung vom aussen entspricht einem der Grundsymptome von Depression.

In meiner Zusatzausbildung in Atempsychotherapie machte ich diese Erfahrung zum Thema meiner Diplomarbeit „Siehst du meine Tränen? Über den Zusammenhang zwischen Sehstörungen und Larvierter (Versteckter) Depression". Über 10 Jahre hindurch hatte ich immer wieder Augen-Atemkurse gegeben, Tageskurse oder einzelne Übungsstunden über einige Wochen. Eine Umfrage unter allen Teilnehmern ergab eindrückliche Ergebnisse:

In Zusammenhang mit dem ersten Auftreten von Sehproblemen konnten sich fast alle Personen an eine besondere, belastende Lebenssituation erinnern. Für die Hälfte der Befragten war das Problem noch nicht zur Gänze gelöst oder verarbeitet, obwohl es oft Jahre oder Jahrzehnte zurück lag. Niemand gab an, seine Brille oder Kontaktlinsen gerne zu tragen. Für die einen ist die Brille ein normales Arbeitsgerät oder einfach eine Bequemlichkeit, für viele hingegen eine Einschränkung, Einengung, ein Handicap, eine Krücke oder Fremdkörper. In entspannter, froher Atmosphäre sehen viele Menschen besser, hingegen deutlich schlechter bei Anspannung, Ärger oder Müdigkeit.

Viele Teilnehmer kannten in unterschiedlicher Dauer und Intensität auf (Versteckte) Depression hinweisende Symptome wie z.b. Erschöpfung, Unsicherheit, Angst vor Versagen, grosse Anstrengung vor gar nicht so grossen Aufgaben, Vermeidung von Aggression, Durchsetzungsprobleme, Konzentrations- oder Schlafstörungen, Morgentief oder Muskel- und Rückenschmerzen. Auf die Frage nach Gedanken, Gefühlen, Empfindungen, Bildern oder Impulsen in Zusammenhang mit Brille und Sehstörung kam eine Fülle von unterschiedlichen Antworten. Ein Gefühl stand jedoch für viele der Befragten deutlich im Vordergrund und wurde auffallend oft genannt: Trauer, traurig, Traurigkeit. Eindrücklich vor allem deswegen, wird doch Depression manchmal als nicht gelebte Trauer bezeichnet.

Für mich zeigen sich deutlich oft vorhandene Ansätze zu Versteckter Depression in Verbindung mit Sehstörungen, ebenso die Psychosomatik in Zusammenhang mit einer auslösenden schwierigen Lebenssituation. Wird eine Problematik nicht behandelt oder nicht erkannt, kann sie über die Zeit leicht verstärkt werden. Eine Brille oder Kontaktlinsen zu tragen ist so selbstverständlich geworden. Laut Statistischem Jahrbuch der Schweiz trugen 2002 bereits 63,5 %, fast zwei Drittel der Bevölkerung eine Sehhilfe. So betrachtet, könnte man Sehstörungen als epidemisch bezeichnen.

Meine Erkenntnis und Überzeugung aus der eigenen Erfahrung und aus dem Erleben mit meinen Kursteilnehmern und Klienten in der individuellen Einzelbehandlung ist, dass Sehschwächen nicht einfach für alle weitere Lebenszeit als gegeben gelten. Sie sollen behandelt, verbessert oder geheilt werden können wie andere Krankheiten auch. Vor allem gilt es, Zusammenhänge im eigenen Leben zu erkennen und die so oft genannte Trauer zu erkennen und zu verarbeiten.

Manche meiner Teilnehmer konnten ihre Sehstörung verbessern, andere schreiben, sie arbeiten noch daran. Etliche machen über die Jahre hinweg immer noch regelmässig Augen-Atemübungen oder zusätzlich noch anderes. Das Beantworten des Fragebogens hat einige angeregt, sich mit der Sicht, den Ein- und Ausblicken ihrer Augen wieder neu auseinander zu setzen. Auch ich persönlich bin regelmässig mit dem Thema beschäftigt. Ich bin jetzt 62 Jahre alt, lebe und lese praktisch ohne Brille. In manchen ermüdeten Momenten oder für das Kleingedruckte hole ich sie dann doch gerne hervor. Und bin fasziniert von der Reaktion meiner Augen und deren Wechselspiel mit meinem seelischen Erleben.

Etliche der Befragten gaben an, immer noch Augen-Atemübungen zu praktizieren. Auf die Frage welche, wurden 2 Übungen besonders häufig genannt. Mögen Sie sie ausprobieren? Ich höre gerne von Ihrer Erfahrung damit.

Palmieren

Die Bezeichnung Palmieren leitet sich ab von dem englischen Wort „palm" für Handfläche. Ich forme meine Hände zu einer gewölbten Schale. Dann setze ich den Handballen am Knochen unter dem Auge an und lege die Hände wie eine Muschel über meine Augen. Die Finger liegen auf der Stirn. Die Augen bleiben frei unter dieser Schale meiner Hände. Ich kann die Augen ungehindert öffnen oder schliessen. Wenn ich die Augen unter meinen Händen öffne, sollte es vollkommen dunkel sein. Das braucht manchmal etwas Übung. Ich kann die Augen offen oder geschlossen halten, wie es mir angenehmer ist. Damit die Arme nicht müde werden beim Palmieren, stütze ich die Ellbogen auf meine Knie oder auf einen Tisch. Der Atem fliesst frei in seinem eigenen Rhythmus.

Wichtig ist das richtige Beenden des Palmierens: Ich schliesse die Augen unter meinen Handflächen und löse die Hände ganz, ganz langsam von den Augen, so dass sich die geschlossenen Augen wieder langsam an das Licht und die Helligkeit gewöhnen können. Erst dann blinzle ich und öffne die Augen wieder.

Palmieren ist eine wunderbare Entspannung für die Augen. Ich kann es zwischendurch während der Arbeit machen, nur eine Minute lang, oder auch länger: 5 Minuten, zehn Minuten oder auch eine halbe Stunde.

Palmieren ist die ideale Übung bei überbeanspruchten, übermüdeten Augen, gegen Stress, entspannt und regeneriert. Der Schutz der Dunkelheit und die Wärme der Hände geben den Augen, dem Menschen und seiner Psyche Schutz und Geborgenheit. Aus dem Blickwinkel der Atempsychotherapie stärkt es die innere Sicherheit und Ich-Kraft, gibt neuen Raum, um mit gestärkter Stabilität neu in die Welt hinaus zu blicken. Viele Menschen bestätigen, dass sie nachher wieder klarer und frischer in die Welt schauen, körperlich und seelisch erholt.

Liegende Acht

Ich nehme einen Finger, lege ihn auf den Punkt zwischen den beiden Augen über der Nase und fahre dann entlang dem Knochen meiner beiden Augenhöhlen eine liegende Acht. Der Kreuzungspunkt ist über der Nase. Ich mache das einige Male, dann versuche ich, ob ich mit geschlossenen Augen innerlich dem Finger nachschauen kann. Ich mache auch das einige Male. Vielleicht mag ich auch einmal die Richtung ändern. Wie reagiert mein Atem? Kommen Ein- und Ausatem immer an der gleichen Stelle? Geht der Rhythmus von Ein-/Ausatem und Atempause für die ganze Acht oder für jede Hälfte über einem Auge? Dann löse ich den Finger langsam aus dieser Bewegung, lasse die Augen noch geschlossen. Die Augen führen diese Bewegung noch weiter. Ich lasse das langsam ausklingen. Erst dann öffne ich die Augen, langsam, blinzelnd. Anschliessendes Palmieren tut sehr gut.

Das uralte Symbol der liegenden Acht (Lemniskate) verbindet die beiden Hirnhälften, gleicht Sympathikus und Parasympathikus aus, führt aus möglichem Ungleichgewicht wieder zu neuer Balance – auch das wesentlich nicht nur körperlich sondern auch seelisch und gerade in Bezug zu (Larvierter) Depression. Die rhythmische Bewegung im Fluss des Atems fördert die Beweglichkeit und Flexibilität des Blickes und der Blickrichtung, führt aus dem Zentrumspunkt der Kreuzung in die Weite des Raumes und wieder zurück in die Mitte, hilft Innen und Aussen in harmonischen Einklang zu bringen.

Autorin:
Silvia Kockel, Bergstrasse 38, 8700 Küsnacht
e-mail: kockel@lebensquell.ch, www.lebensquell.ch

Meine Reise in die Welt der Düfte

Es ist ein herrlicher Herbsttag. Ich streife durch den Botanischen Garten, geniesse die Sonne, Wärme und wunderbaren Naturdüfte.
Eine tiefe Ruhe und Dankbarkeit erfüllt mich.

Die Pflanzenwelt ist üppig und lässt mich immer wieder staunen. Es ist ein Wunder. Die Natur schenkt uns ein Innehalten und zur Ruhe kommen. Sie kann uns wieder in ein Gleichgewicht bringen und neue Kraft schenken. Einfach so, wir müssen gar nicht viel dazu tun. Einfach rausgehen, offen sein und geniessen.

Vor über fünfzehn Jahren habe ich mich auf den Weg gemacht, mehr über die Pflanzendüfte zu erfahren. Ich begann Kurse in Aromatherapie zu besuchen und darauf folgte die Ausbildung zur Aromatherapeutin. Die ersten Erfahrungen machte ich eher mit körperlichen Beschwerden. Und stellte immer wieder staunend fest, welche Wirkung die ätherischen Öle in den kleinen Fläschchen hatten. So löste eine Bauchmassage mit einer Aromamischung bei Menstruationskrämpfe nicht nur den Schmerz, nein sie tat auch der Seele gut. Die Anwendungen waren sehr angenehm, dufteten gut. Ja, und wer kann dies schon von der Einnahme der meisten Medikamenten behaupten? Daher wollte ich immer mehr über die Aromatherapie wissen und auch welche Wirkung sie auf unser Gefühlsleben hat.
So folgte dann die Ausbildung in Psychologischer Aromatherapie bei Martin Henglein. Er entwickelte die Methode der Integralen Osmologie. Mit Hilfe eines Dufttestes wird der Duft gesucht, welche der betreffenden Person zum aktuellen Zeitpunkt am meisten Unterstützung bietet.

Düfte sind an unsere Emotionen gekoppelt. Bevor unser Verstand diesen Sinneseindruck wahrnehmen und analysieren kann, kommt es bereits zu einer Gefühlsreaktion. Wir riechen etwas und müssen unwillkürlich lächeln. Es erinnert uns an einen glücklichen Moment in unserem Leben. Wann und wo war das? Zuhause, in der Kindheit…?
Oder es wird uns übel. Es erinnert uns an unangenehme Gefühle, an Situationen, welche uns Angst machen. In der Integralen Osmologie

wird nun nach dem Duft gesucht, welcher als sehr angenehm emp-
funden wird, ja mehr noch, einen gewissen „Hunger" danach besteht.
Dieser Duft ist dann imstande, körperliche, geistige oder energetische
Disharmonien auszubalancieren. Ist eine Stabilität erreicht, kann -
wenn dies erwünscht wird - sich schrittweise an den „Schatten", jene
Düfte, gegen welche eine starke Abneigung bestehen, herangetastet
werden. Sie stehen für einen nicht gelebten und integrierten Teil in
uns. Ziel ist es, den „Schatten" in sein Leben zu integrieren. Dies
passiert jedoch nie durch direkte Konfrontation mit dem Duft, weil
dies zum Gegenteil führen würde. Die Befindlichkeit würde ver-
schlechtert und den Prozess der Annahme erschwert.

Damals ahnte ich noch nicht, wie entscheidend, ja vielleicht sogar
lebensrettend dieses Wissen für mich werden sollte. Ich arbeitete als
Pflegefachfrau auf einer medizinischen Abteilung in einem Akutspi-
tal. Die Arbeit gefiel mir, bis auf den meist sehr riesigen Arbeitsanfall
durch Personalmangel und Sparmassnahmen. Ich arbeitete die sechste
Nacht. Der Arbeitsanfall war kaum zu bewältigen. Ich war diese
Nächte auch nicht alleine auf der Abteilung, sondern zusammen mit
einer Schwesternhilfe. Wir hatten viele Suchtpatienten, welche ziemlich aggressiv waren und einige sterbende Patienten auf der Abteilung
und die Abteilung war voll. Es war zu gefährlich, alleine Nachtwache
zu machen. Und so überstürzten sich die Ereignisse in der letzten
Nacht. Alles kam zusammen und schlussendlich starb am morgen
früh eine Patientin auf schreckliche Weise.

Von da an ging nichts mehr in meinem Leben. Nichts war mehr wie
vorher. Ich konnte meinen Alltag kaum mehr bewältigen, geschweige
dann war ich noch arbeitsfähig. Die schrecklichen Bilder liessen mich
nicht mehr los. Sie vermischten sich mit anderen verdrängten Bildern
aus meinem Leben und liessen sich nicht mehr kontrollieren. Sie
verfolgten mich Tag und Nacht. Ich hatte Panikattacken, spürte mich
kaum noch. Die Diagnose lautete: Posttraumatische Belastungsstörung.

Irgendwann erinnerte ich mich an meine ätherischen Öle. Ich hatte
inzwischen eine riesige Auswahl davon. Ich roch mich durch all die
Fläschchen. Aber ich fand alle absolut scheusslich. Sogar die Zitrusö-
le mochte ich nicht mehr riechen. Nur gerade ein einziges mochte ich.
Es war Benzoe. Ein Harz, welches nach Vanille riecht.

Der Duft wirkt umhüllend und schenkte Geborgenheit. Er erinnert
zurück an die Kindheit.

Benzoe ist wie ein warmer Mantel, der sich schützend um den Menschen legt.

Ich verwendete diesen Duft fast täglich im Duftlämpchen und räucherte ihn auch als Harz. Und ich spürte wie ich immer mehr wieder ins Leben zurück fand. Je mehr ich mich wieder spürte, desto mehr Düfte fand ich wieder angenehm riechend. Es gab aber auch die sogenannten „Schattendüfte". Ich begann mich ganz bewusst mit diesen Themen auseinanderzusetzen. Mein Leben begann sich dann ganz grundsätzlich zu ändern. Ich wurde aus meinem Alltag herausgerissen und begann mich zu fragen: Und was möchtest du wirklich machen in deinem Leben? Und ich begann dies umzusetzen. Eines Tages, als ich in Bern im Duftladen farfalla war, stellte ich fest. Es riecht ja alles wunderbar!

Natürliche Pflanzendüfte manipulieren nicht, sondern helfen Entwicklungsschritte zu machen, die in uns schlummern, sofern wir dazu bereit sind.
Sie helfen uns, sich mit unseren Schattenseiten auseinanderzusetzen, decken Schmerzhaftes auf, geben aber gleichzeitig Trost!

Düfte dürfen nie aufgezwungen werden! Erst wenn die Bereitschaft da ist, werden sie zu grossartigen Unterstützern.

Autorin: Magdalena Kugler, Zwinglistrasse 14, 3007 Bern
e-mail: magi.kugler@gmail.com, web: www.praxisachillea.com

Die Kraft der Farben

Ein Erfahrungsbericht über die Auswirkungen von Farben auf den Menschen.

Als ich 2006 in meine neue Wohnung zog und beschloss, meine Bettwäsche von nun an in den Farben Weiss und Blau zu halten, damit sie zur Steinwand in meinem Schlafzimmer passte, wusste ich nicht, was für Konsequenzen dies für meine Gesundheit haben würde, denn ich kannte damals die Kraft der Farben nicht.

In meiner alten Wohnung war ich regelmässig etwa viermal jährlich an Grippe erkrankt. Nach meinem Wohnungswechsel wurde ich plötzlich alle sechs Wochen krank und musste jeweils eine Woche lang im Bett bleiben, weil mich die Grippe derart schwächte. Die Ärzte konnten mir nicht helfen; alles, was sie mir rieten, war, mehr Vitamin C zu mir zu nehmen. Das fand ich zwar sehr unbefriedigend, doch da ich mich zu jener Zeit noch nicht der Alternativmedizin zugewendet hatte, sah ich keinen anderen Weg. Ende 2007 begab ich mich auf eine zweijährige Weltreise nach Afrika und Südamerika, und es fiel mir auf, dass ich mich während dieser Zeit nur ganz selten erkältete. Dies änderte sich schlagartig wieder, als ich 2009 in die Schweiz und in meine Wohnung zurückkehrte.

Zu dieser Zeit begann ich meine Ausbildungen in Feng Shui und TCA (Traditionelle Chinesische Astrologie) und lernte die Berechnung des Horoskops, welches die fünf Elemente Feuer (Rot), Erde (Braun), Metall, Wasser (Blau) und Holz (Grün) beinhaltet. Gespannt rechnete ich mein Horoskop aus und stellte fest, dass es, aufgrund des hohen Anteils an Wasser und Metall, ganz kalt und nass ist; das Feuerelement ist nur schwach vertreten. Da begann ich zu verstehen, weshalb mir immer so kalt war. Ich hasse die Kälte und liebe Wärme und Sonne über alles. Ob diese Nässe und Kälte im Horoskop meine häufigen Grippen erklärte...? Und sicherlich würde mir mehr Feuer gut tun, da, wie ich nun lernte, die Elemente im Horoskop idealerweise immer ausgeglichen sein sollten? Da kam mir in den Sinn, dass ich früher in der alten Wohnung abwechselnd blaue und rote Bettwäsche verwendet hatte, während ich mich in der neuen Wohnung nur noch auf Blau und Weiss beschränkt hatte, also noch mehr Kälte und Nässe... Plötzlich fiel es mir wie Schuppen von den Augen, ich war aufgeregt und überzeugt, nun endlich eine logische Erklärung für mein Grippeproblem gefunden zu haben! Mein Lehrer bestätigte meine

Vermutungen und stimmte mir zu, etwas Rot ins Schlafzimmer zu bringen, wenn auch nicht zu viel, da es sonst zu anregend und nicht gut sei für den Schlaf. Ich aber wollte es wissen: Ich holte meine alte rote Bettwäsche hervor und schlief die nächsten sechs Monate ununterbrochen darin. Ich war sehr gespannt auf mein erstes "Experiment" mit Feng Shui und Chinesischer Astrologie. Ich hoffte, die Lösung für meine Grippeanfälligkeit gefunden zu haben – wenn auch mein sachlicher und analytischer Verstand einwandte, dass doch Farbe alleine nicht gesundheitliche Probleme lösen könne...

In den kommenden Monaten machte ich folgende Beobachtungen: Mich plagte oft grosser Durst; vor allem morgens fühlte ich mich, als hätte ich eine Wüstenwanderung hinter mir. Abends, wenn ich nach Hause kam, kehrte der Durst zurück und liess sich auch mit literweise Wasser nicht löschen. Anfangs schrieb ich dies dem Sommer und der Wärme zu; als aber die Sommermonate vergangen waren änderte sich nichts am grossen Durst und ich begann mich langsam zu sorgen. Einige Monate später stellte ich dann voller Freude fest, dass ich noch nicht an Grippe erkrankt war, seit ich in meiner roten Bettwäsche schlief. Doch das war nicht alles: Mir war auch nicht mehr so kalt, meine Wärmehaushalt schien sich normalisiert zu haben. Zum ersten Mal in meinem Leben trug ich im Winter unter den Jeans keine Strumpfhosen und im Bett keine Socken. Die Bräune, die ich mir während meiner Weltreise angeeignet hatte, hielt sich den Winter hindurch sehr gut, und mein Gesicht behielt eine gesunde Farbe, so dass ich seither kein Make-up mehr verwende. Allerdings stellte ich auch fest, dass sich meine Haut am ganzen Körper sehr trocken anfühlte und an Spannkraft verlor, ich musste sie intensiver eincremen als früher.

Im Verlauf meiner Feng Shui Ausbildung lernte ich, dass jede Himmelsrichtung einem Element zugeordnet ist und dessen Feindelement nicht im Übermass vorhanden sein sollte. Ich stellte fest, dass mein rotes Bett fast den ganzen Sektor des Westens in Anspruch nahm, welcher dem Element Metall zugeordnet ist, und dass die rote Bettwäsche im Westen sehr ungünstig ist, denn Feuer (Rot) bringt Metall zum Schmelzen, was zur Folge hat, dass sich Themen manifestieren können, die der Himmelsrichtung Westen zugeordnet sind, beispielsweise die Zähne. Tatsächlich sind die zwei Löcher, welche ich mir zu jener Zeit einhandelte, aus diesem Elementekonflikt hervorgegangen. Aus diesem Grund zog ich meine rote Bettwäsche nach einem halben Jahr ab und ersetzte sie durch grüne und braune, welche die Elemente Holz und Erde repräsentieren und neben Feuer meine guten Elemente sind: Sie greifen das Element Metall nicht an und sind besser als Bettwäsche geeignet, zumal sie auch nicht so aggressiv und aktiv wie Rot und somit dem Schlaf förderlich sind. Am gleichen Tag hörte schlagartig mein grosser Durst auf. Seitdem habe ich keine Löcher mehr in den Zähnen gehabt und erkältete mich nur noch selten.

Farben haben eine eigene Energie, sie leben und wirken entsprechend auf uns. Rot aktiviert und wärmt, Blau kühlt, Grün beruhigt und Braun erdet. Allerdings kann dieselbe Farbe unterschiedlich auf Menschen wirken, je nachdem ob die Farbe aufgrund des persönlichen Horoskops gut oder schlecht ist. Die Anwendung der guten Farben und Elemente im Alltag unterstützt den Menschen im Leben, er kommt in seine volle Kraft, kann sein Potential ausschöpfen und seine Gesundheit verbessern. Die Farben in der Wohnung sollten deshalb sorgfältig ausgesucht werden, vor allem wenn Wände gestrichen werden, denn falsch gewählte Farben können schädliche Auswirkungen haben. Bei der Farbwahl zu berücksichtigen sind die Himmelsrichtungen, Energien der "Fliegenden Sterne", Verwendungszweck des Raumes und im Schlafzimmer auch das persönlich beste Element des Person. In Yang-Räumen wie Küche, Wohnzimmer und Büro dürfen kräftige Farben verwendet werden, während in Yin-Räumen wie Schlafzimmer und Meditationsräumen helle Farben zu empfehlen sind.

Seit meinen Feng Shui- und TCA-Ausbildungen konnte ich viele Erfahrungen sammeln und mich von den Auswirkungen der fünf Elemente auf den Menschen überzeugen. Dieses Wissen hat mein eigenes Leben sehr bereichert und ist für mich von unschätzbarem Wert.

Autorin: Tamara Lang, Gräbligasse 1, 8001 Zürich
e-mail: info@openingdoors.ch, web: www.openingdoors.ch

Vom Geistigen Heilen, dem Handauflegen und der medialen Beratung

 Ich möchte hier keinen wissenschaftlichen Artikel schreiben und Skeptiker überzeugen. Auch will ich nicht etwas wiederholen, was auf etlichen Seiten im Internet zu finden ist. Mit diesen Zeilen möchte ich einem interessierten Leser kurz erzählen, was ich auf meiner Reise in diese Welt des Unbegreiflichen entdeckt, erlebt und erfahren habe. Es ist mein Bewusstsein heute, das diese Sätze schreibt und ich weiss - die Reise geht weiter.

Vor einigen Jahren wusste ich so in etwa, was paranormal ist. Sicher spukt es manchmal und es gibt wohl Menschen, die Tische rücken können. Das ist faszinierend. Aber ich hatte nicht wirklich ein Interesse daran, so dass ich mich näher damit beschäftigt hätte. Was mich allerdings schon immer interessierte, ist die „alte Medizin" und die Mystik. Alles was den Geist und die Seele mit einbezieht. Obwohl mir der Unterschied zwischen Geist und Seele damals nicht wirklich bekannt, geschweige denn bewusst war. Auch war ich schon immer fasziniert und überzeugt von der Astrologie. Nach einem fünfzehnjährigen Exkurs in die materialistische und kopflastige Welt, begann ich mich mit 36 nun intensiv den Themen zu widmen, die mich schon immer interessierten. Ich begann (sehr viele) Bücher zu lesen über Spontanheilungen, schamanisches Wissen, alternative Heilmethoden, mystisches Wissen, usw. Mit Akupunktur hatte ich persönlich bereits gute Erfahrungen gemacht. Das Buch über die Chakralehre sprach mich besonders stark an und die Übungen darin verblüfften mich in ihrer Wirkung.

Da ich als Projektleiter in der Informatik sehr kopflastig unterwegs war und auch sehr intensiv, wollte ich nun etwas tun, was mir einen Ausgleich bringt in meinem hektischen Alltag. So wählte ich QiGong als Methode und fand eine Schule, die mir zusagte. Es war einer der wichtigen Schritte in eine neue Welt. Mittels QiGong lernte ich die Energie im Körper zu spüren und zu leiten. Ich konnte irgendwann Energie aufnehmen aus dem „Nichts", von der Erde, von den Bäumen. Das war wunderbar.

Eines Tages wurde ich zu einer Astrologin gedrängt. Eigentlich wollte ich ja nicht, ging dann aber trotzdem hin. Dieser Schritt veränderte mein Leben völlig. Bei der Astrologin hörte ich nicht nur, was meine Persönlichkeit ausmacht, sondern ich bekam eine Beschreibung meiner Gaben, eine Erklärung für Phänomene in meinem Leben, die ich bisher mit niemandem teilen konnte und ein Gefühl, nach Hause zu kommen. Ein ganz grosses Tor in eine neue Welt ging auf. Als ich dann ein paar Tage später durch einen „Zufall" feststellte, dass ich die Energie der Bäume durch meine Hände an andere weitergeben konnte, war die Entscheidung klar. Du wirst deinen Gaben Raum geben. So begann ich, nur zehn Tage später, meine Ausbildung im Geistigen Heilen und ein Jahr später die in der Medialität. Es wurden sehr intensive Jahre, die immer noch andauern.

Aber was sind nun diese Gaben und was habe ich denn verstanden aus meinem Leben?

Ich möchte mal mit dem Hellsehen beginnen. Mit der Gabe zum übersinnlichen Wissen, zum Verstehen jenseits des Verstandes und vom Sehen mit dem dritten Auge.

Ich erinnere mich an Gegebenheiten in meiner Schulzeit, wo ich mich Sachen sagen hörte, in der Stresssituation einer Prüfung, die ich nicht kannte. Sie waren richtig. Jedoch hatte ich sie nie zuvor gehört und gelesen. Ich hätte sie nicht wiederholen können. Ich erinnere mich an Träume, in denen ich Situationen träumte, die Tage später bildlich und gefühlsmässig genau eintrafen. Auch stand ich mitten in der Nacht auf und löste die Matheaufgaben, die ich am Tag zuvor nicht hatte lösen können. Das Ergebnis kam im Schlaf. Ich benutzte im Berufsleben immer wieder ein Wissen (auch fachlich), das von einer Klarheit war, die keine Zweifel kannte. Ich wusste selber nicht, woher ich dieses hatte und musste mich dann immer bemühen für die anderen (und manchmal auch für mich) das Wissen herzuleiten, damit die Zusammenhänge und Konklusionen nachvollziehbar waren. Ich verliess mich regelrecht drauf: „dass mir dann schon das Richtige einfallen wird".

Wir stellen uns immer viel vor unter Medialität. Jemand der mit Toten spricht, der Geister sieht und deine Vergangenheit und Zukunft lesen kann. Selten bringen wir sie mit unserer Normalität in Verbindung, die vielleicht ein anderer „interessant" findet, oder „faszinierend", oder auch einfach nur darüber lacht. Wir müssen keine Stimmen hören, die zu uns sprechen aus dem Nichts, keine Löffel verbiegen können und auch keine Wesen sehen, die sonst keiner sieht. Wir können - aber wir müssen nicht. Jeder hat seine Art und Gabe, passend zu seiner Lebensaufgabe und zu seinem Entwicklungsweg. Hier gibt es kein Vergleichen. Was wir lernen sollten, ist die Gaben zu verstehen, mit ihnen umzugehen und ihnen zu vertrauen. Zu den Schwierigkeiten komme ich später.

Nun zu den Heilenden Händen.
Ich kannte das nicht. Ich habe zwar dank meiner christlichen Bildung von den Heilungen von Jesus gehört. Aber darüber habe ich nie

wirklich nachgedacht. Ich kannte von Kind auf Einrenker. Allerdings habe ich in meiner Naivität nie begriffen, warum ein Physiotherapeut das nicht lernt.

Ich bin ein Mensch, der sehr gerne berührt und streichelt. Meine Grossmutter streichelte uns schon als Kinder immer über die Beine, oder Arme, oder über den Rücken. Ich war immer der Meinung, das habe ich von ihr gelernt. Als mir die Astrologin von den verschiedenen Sternen-Konstellationen erzählte, die für „Heilende Hände" sprechen, fiel mir sofort mein Bedürfnis ein, alles und jeden mit den Händen zu berühren und zu streicheln. Als dann noch die Erfahrung kam, dass ich die Energie auch wirklich weiterleiten kann, wie ein Kanal, schloss sich hier der Kreis um diese Gabe. Heute weiss ich, diese Gabe hat jeder in seiner eigenen Weise und Stärke. Sobald Mitgefühl fliesst, ist eine tröstende Hand heilend!

Aber sind heilende Hände und Geistiges Heilen ein und das Selbe? Welche Rolle spielt die Medialität bei der Heilung?

Geistiges Heilen funktioniert nicht ohne Medialität. Da der mediale Kanal, das Dritte Auge, der Kommunikationsweg ist zwischen den Seelen. Geistiges Heilen ist ein Energiefluss, der einen anderen Energiefluss beeinflusst. Es ist die Interaktion zwischen Schwingungen. Magnetismus spielt dabei eine Rolle. Von den Händen fliesst auch Energie. Alle Methoden die damit arbeiten, bewirken einen Energiefluss, der ordnend - also heilend - wirkt. Beim Heilen wird eine Disharmonie durch eine stärkere, harmonischere Kraft ausgeglichen. Hände und Methoden können beim Geistigen Heilen eine Rolle spielen, müssen aber nicht.

Ich persönlich berühre gerne. Eine Berührung ist oft das, was der Mensch braucht, wenn es ihm nicht gut geht. Es ist das, was ihn entspannen und loslassen lässt und für ihn die Heilung fassbar macht eben durch diese Berührung. Geistiges Heilen allerdings funktioniert auch ohne Berührung. Ich „sehe" wenn es beim Gegenüber „klick" macht und der Schalter auf Heilung gestellt wird. Jeder mit dieser Gabe empfindet, weiss, sieht, merkt das sicherlich anders.

Nun möchte ich noch eines betonen, das meiner Meinung nach die wichtigste Aussage über das Geistiges Heilen ist. Beim Geistigen Heilen geht es darum Disharmonien in der Schwingung der Seele (auch in ihrer materiellen Bindung - dem physischen Körper) zu harmonisieren, zu ordnen. Also der göttlichen Ordnung, welche unser Urzustand ist, wieder ein Stück näher zu kommen. Dafür muss der Heiler immer höher schwingen als der Bedürftige. Sonst ist das nicht möglich. Das ist immer eine relative Verbindung. Die absolute Schwingung des Heilers spielt nicht die wesentliche Rolle. Allerdings ist es klar, umso grösser die Harmonie des Heilers ist, umso grösser ist die Wirkung. Ausserdem: Heilung kann nur dann passieren, wenn der Heiler nicht in Resonanz geht mit dem Problem. Das heisst, sobald das Problem auch den Heiler betrifft, ist keine Heilung mehr möglich, denn wir sind im Ego. Das Ego kann nicht heilen, weil es wertet. Der Kanal für Heilung ist das Dritte Auge, das Chakra der „All-Liebe". Jesus Christus konnte alles heilen, auch den Tod. Er war frei von jeglicher Wertung, in einem Zustand der bedingungslosen All-Liebe.

Und nun kommt der zweite Punkt. Aber auch er konnte nur heilen, wenn der Bedürftige diese Heilung wollte. Ich spreche hier nicht von dem Ego-Willen nach Heilung, sondern von der Bereitschaft der Seele für das eigene Leben Verantwortung zu übernehmen. Nur dann ist Heilung möglich. Das heisst, der Heiler kann nichts „wegmachen", sondern nur die Seele dabei unterstützen in den Selbstheilungsprozess zu gehen, sobald sie die Verantwortung für das eigene Leben (auch die Krankheit) übernommen hat. Wer dazu nicht bereit ist, wird nur kurze Erfolge haben, wenn überhaupt.

Energiebehandlungen (egal nach welcher Methode) sind immer etwas Positives und können immer beim Selbstheilungsprozess helfen, indem sie Blockaden lösen. Sie stehen aber nicht zwingend in Verbindung mit dem Geistigen Heilen. Auch hier ist der Wille des „Patienten", wie auch bei jeder anderen medizinischen Hilfe, ausschlaggebend für den Heilungsprozess. Sonst verpufft auch hier die Wirkung irgendwann.

Nun zu dem sensibelsten Thema - der medialen Beratung. Es gibt sehr viele Begabungen in dem Bereich, wo Leute Sachen sehen, wissen, hören, spüren und diese weitergeben. Es ist auch der Bereich, der sehr faszinierend und anziehend wirkt. Wer möchte nicht gerne eine kleinen Blick in die Zukunft werfen, oder auch nur erleben, wie jemand einfach so, etwas aus der Vergangenheit weiss, das er so nicht wissen kann. Und wie gerne hören wir auf den Rat eines anderen, wenn es darum geht, wie wir uns am Besten verhalten sollten, damit alles gut wird. Und das ist das Problem. Mediale Beratung zieht gerne jene Menschen an, die nicht Verantwortung übernehmen wollen für die eigene Entscheidung und das eigene Leben. Das kann eine kurze Hilfe, oder auch ein Trost sein. Aber es ist keine Hilfe zur Selbsthilfe und zur Heilung, wenn die beratende Person nicht in der Lage ist, die wahren Bedürfnisse zu erkennen und ihr ganzes Können in einen Heilungsprozess mündet. Ich habe Menschen erlebt, die nach einer medialen Beratung ganz fasziniert waren, was „das Medium" alles gesehen hat und wie alles gut werden wird, oder auch nicht. Aber sie sagten keinen Ton über eigene Muster und Schatten. Sie hatten nicht wirklich in einen Spiegel geschaut, der auch die eigenen Problemzonen zeigt. Sie sprachen zwar vom „Arbeiten an sich", aber nicht im

Sinne der universellen Gesetze. Sie suchten die Lösungen immer noch im Umgang mit dem Du und nicht mit dem Ich (das vom Du nur gespiegelt wird). Deswegen ist es sehr wichtig, dass Menschen, die ihre medialen Gaben für andere einsetzen, die universellen Gesetze verstehen. Vor allem das der Ursache und Wirkung. Das Täter/Opfer-Spiel erkennen, das wir täglich in unserem Leben spielen. Und so ihre mediale Gabe des „Schauens" nutzen, um einen Heilungsprozess zu starten, der mehr Harmonie in das Leben der anderen bringt - bis in die Zelle und nicht nur vorübergehend und oberflächlich am Ego und dem Verstand.

Meine Ausbildung im Geistigen Heilen und der Medialität hatte einen grossen Schwerpunkt, das Verstehen des Lebensspiels auf Basis der universellen Gesetzte, verbunden mit einem gründlichen Hausputz, der immer noch anhält. Der Bewusstseinsprozess der dabei stattfindet, ist ein Heilungsprozess, der als Nebenwirkung die Hebung der eigenen Schwingung hat und damit einhergehend die Vertiefung der natürlichen Gaben.

Auch sehr wichtig ist die Erkenntnis, dass es keinen Alltag gibt und parallel dazu ein spirituelles Leben. Spiritualität ist kein Hobby, sondern eine Frage des bewussten Lebens im Alltag. So wie ich diese Gaben schon früher eingesetzt habe, als ich sie noch nicht benennen konnte. Jetzt mit dem Wissen um die Wirkung bemühe ich mich um Achtsamkeit. Es bringt nichts, das materielle Leben vom spirituellen Leben trennen zu wollen. Wir haben uns als spirituelle Wesen ein menschliches Dasein auf diesem Planten ausgesucht und dies gilt es als eine Einheit zu leben. So gut es geht - unserem Bewusstsein entsprechend - im Alltag verwurzelt.

Autorin:
Sieglinde Lorz, Dalmazirain 26, 3005 Bern
Mail: mail@liebeundlebe.ch, web: www.liebeundlebe.ch

Kreative, transpersonale Kunsttherapie

Kreative, transpersonale Kunsttherapie ist eine wirkungsvolle, präventive und komplementäre Unterstützung bei verschiedenen psychischen, körperlichen und psychosomatischen Leiden, Traumata und anderen Anliegen, mangelndem Selbstwertgefühl und Jung'sche Individuation.

Hier ein Beispiel anhand einer Höhrbehinderung und dem damit verbundenen beeinträchtigten Selbstwertgefühl:

Den flimmernden, rosablauen Wind sehen und den goldenen Nektar der Sonnenstrahlen schmecken können...

«...meine Stille ist voller Farben, Eindrücke, Schwingungen: es gibt einen inneren Klang, den jeder von uns hört und den keiner definieren kann...!» Emmanuelle Laborit, gehörlose, franz. Schauspielerin

Ein jeder hat die Fähigkeit, sein Anliegen kreativ umzusetzen, sichtbar zu machen und zu entwickeln! Die achtsam angewandte Kunsttherapie ermöglicht u.a. eine Evolution des Selbstwertgefühls, in diesem Fall hier der Selbstakzeptanz der Hörbehinderung und vor allem die (Wieder-)entdeckung und -entwicklung der verloren geglaubten, sensitiven Wahrnehmungen (u. a. kann das sein: Farbenfühlen [Synästhesie] und andere «nichtalltägliche» Wahrnehmungen) und deren lebendigen Kommunikation. Der empathische Kunsttherapeut ist aufmerksame und aufmerksam machende Begleitung und Freund auf diesem Weg!

«...ich war noch ein Kind, als mir bewusst wurde, dass etwas nicht so war, wie es sein könnte. Das Parfüm der Sonnenstrahlen lässt mich niesen. Ich liebe ihren Honiggeschmack und ihre gleissenden Sinfonien vereinigen sich mit den rosa-blauen Bewegungen des Windes. Mal sind sie lau, mal zornig wild, mal lieblich umschmeichelnd. Die Blumen versprühen farbige Wellen und die Tiere winken und lächeln mir zu... meine Wahrnehmung schien mir ganz normal, bis ich verwirrt die Gesichter der Menschen entdeckte, die weder mit ihrer Mimik noch mit ihrer Körperhaltung übereinstimmten. Sie bewegten ihre Münder und von weit, weit, weit weg her

kamen wie in Watte gepackt, leise, abgehackte Töne, deren Sinn mir unverständlich und deren Klang unharmonisch und farblich falsch erschienen... sie sollten wohl sorgenvoll klingen, waren jedoch nur ängstlich bemüht, nicht ihr Ärgernis über die zu erwartenden Unannehmlichkeiten des für sie ungesunden Kindes anmerken zu lassen... Man sprach mit mir, wie mit einem Idioten, einem geistig Behinderten. Ich glaubte bald selbst, dass ich nicht genüge, nicht normal bin, dabei sind es doch sie, deren Wahrnehmung begrenzt ist, die nicht verstehen.... Ich aber war doch noch ...ein verunsichertes Kind, das noch nicht begriff, dass es ...privilegiert war, eine Gabe hatte! Ich begann sehr schnell, mich zurückzuziehen, zu lernen, zu lesen und zu zeichnen... und... mich anzupassen...!»

Als der Klient «Raphael» zu mir in die Atelierpraxis kam, entdeckte ich auf Anhieb einen jungen, gutaussehenden, intelligenten Mann, der trotz seiner Hörbehinderung mit ausgezeichneten Hörhilfen erfolgreich ins Arbeitsleben integriert war und klarsichtig seine gegebenen Grenzen zu erkennen glaubte, aber ebenso seine Blockaden, die ihn hinderten, ein glückliches, selbstbestimmtes Leben zu führen. Er definierte es als «fremdbestimmt» durch gutgemeinte Förderung der Familie und «Integrations-Institutionen», war schwermütig, litt oft unter Migräne und Muskelverspannungen und spürte intuitiv, dass «irgendetwas komisches» (!) brach lag, das er suchen, erforschen und auch entwickeln wollte. Da der Therapeut selbst eine diskrete Höhrhilfe trägt, entwickelte sich zwischen ihm und «Raphael» rasch ein vertrauensvolles Arbeitsverhältnis, und sie gingen zusammen auf eine ungewöhnliche «Entdeckungsreise». «Raphael» erzählte von seinem Wunsch und der Schwierigkeit, zu Mitmenschen eine Beziehung aufzubauen und seinen spärlichen Bekannten- und Freundeskreis zu erweitern. Und dass er schmerzlich an einer Liebesbeziehung scheiterte. Wegen seiner Behinderung, wie er glaubte. Weil die andere Person «...mich und meine «stumme» Sprache nicht verstand, nicht verstehen konnte oder wollte...» (!) Er fühlte sich oft zurückgewiesen, litt folgendlich unter ungerechtfertigten Minderwertigkeitskomplexen. Sein Irrtum war, dass er glaubte, wie «die Anderen», «Gesunden» sein zu müssen, um voll anerkannt zu werden und geriet in den Teufelskreis der Anpassung, der gesellschaftlich geforderten Norm und Maske (C. G. Jung's «Persona»). Diese Anstrengung kostete immense Kraft, er vernachlässigte sein «wahres ICH» und gab damit unbewusst die Möglichkeiten seiner (noch unbekannten) Individualität und Originalität auf.
Der erste therapeutische Schritt war also eine «tabula rasa»: quasi eine «Endprogrammierung» des sich Anzupassen-glauben-müssens und der Beginn eines furiosen Auftakts einer kreativen Forschungs- und Entdeckungsreise zum reinen, ganzheitlichen «SELBST». Zu der

BEGEGNUNG mit sICH selbst. Der seelischen, körperlichen, geistigen und sensitiven, ja spirituellen Basis vom Menschen «Raphael»!
Im Laufe der gemeinsamen Arbeit entdeckte «Raphael», dass er sogar weitaus MEHR Sinne als «die Anderen» besass. U. a. kamen überraschend zum Vorschein: Hochsensibilität, Synästhesie (Farbenfühlen) und Aurasehen. Seine Sensibilität und Empathie war ausserordentlich und seine Hellsichtigkeit weit über dem Durchschnitt!
Und er war höchst begabt: Seine kreativen Arbeiten (Bilder und Skulpturen) sprühten von (un-)sichtbaren Farben und Formen und seine Verspannungen und Blockaden lösten sich mit der Zeit wie von selbst. Die Migräne klang ab und die Melancholie meldete sich nur noch (neben der allen Menschen gegebenen, «üblichen» Traurigkeit), wenn er erkannte, wie «behindert die Anderen» eigentlich sind und der Austausch seiner reichen Erfahrungswelt nur mit wenigen, ebenso sensitiven und privilegierten Menschen befriedigend war! Er wählte nun seine Freunde bewusster aus und begann, ein selbstbestimmtes, glückliches Leben zu führen und ...seine Werke auszustellen! Ganz nach dem Orakel von Delphi: «Raphael» hatte sich und sein SELBST erkannt!

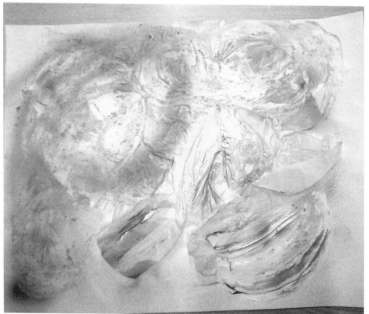

Raphael: «Der goldene Honig des Lichtes», Gouache auf Papier, 70 x 100 cm, 2009

Wenn Hörbehinderung (wie auch andere Beeinträchtigungen natürlich) dazu führt, dass auch andere Sinne in Mitleidenschaft gezogen, nicht entwickelt, nicht erkannt werden, verkümmern wichtige transpersonale Teile der Seele. Wenn ein Hörbehinderter (und nicht nur dieser!) an die üblichen gesellschaftlichen Normen, Regeln und Anforderungen angepasst wird (oder mangels besserem Wissen sich anpassen will), werden Identität, Selbstbewusstheit, Selbstbestimmung und Selbstsicherheit kaum gefördert und vor allem enorme Potenziale und Sensibilitäten unterdrückt, so dass der ganze Mensch ein andauernder Kampf mit der Umwelt und was schlimmer ist, mit sich selber auszufechten meint!

Oft wird vergessen, dass gerade Menschen mit einem behinderten Sinn die anderen Sinne erweitern, kompensieren und ausgleichend entwickeln können. Sie lesen von den Lippen, Mienen, Körperhaltungen, unbewussten Reaktionen, sind oft fast übersinnlich empfänglich für Ausstrahlungen, Stimmungen, Rhythmen, Pulsionen, riechen, fühlen und sehen Farbendüfte (Synästhesie)...

Das scheint Ihnen suspekt? Kein Wunder. Haben Sie schon mal wirklich ...zugehört oder ...zu gehört?

Für Taube oder Schwerhörige scheint es zusätzlich zu ihrer Behinderung selbst fast unmöglich, in der «Gesellschaft» ihre «Zugehörigkeit», ihren «Platz», ihre Identität, ihr «SELBST» zu finden und zu entwickeln: kaum jemand kann es ihnen zeigen und man hat mit der «Integration» genug zu tun, nicht wahr? Die daraus entstehenden Komplexe (ich bin behindert, fremdbestimmt...), Anstrengungen (so werden zu wollen wie die Anderen...) und Minderwertigkeitsgefühle (mir fehlt etwas, ich schaff das nie...) rauben enorme Kraft, die nun anderweitig fehlt...

Die bis anhin bekannte, gut gemeinte «Eingliederung» ist oft «Anpassung» an ein bekanntes, ja nicht aneckendes Schema: In Selbsthilfegruppen, ins Berufs- und Erwerbsleben, ins Sozialleben u.s.w. Dem ist nichts kritisches anzumerken, da damit vielen zunächst geholfen wird. Damit darf die Förderung jedoch nicht zu Ende sein, sondern ein Anfang zur gesunden Identität bedeuten: Nicht nur Integration soll das Ziel sein, sondern die gleichzeitige und folgende Weiterentwicklung der «Individuation» (C. G. Jung) durch Lebendige Kreativität! Ebenso kann die klassische (Gesprächs-) Therapie (...) in Ansätzen helfen, vernachlässigt aber auch hier den holistischen und transpersonalen Anteil, der gerade für (Hör-)Behinderte ein unglaubliches Entwicklungs-Potenzial beinhaltet: Den kreativen Ausdruck und die Sichtbarmachung mit allen anderen Sinnen, ihre Erkennung, Förderung und Steigerung weit über das Übliche hinaus!

Der unkomplizierte, reiche und vor allem spielerische Umgang mit diversen Materialien, «objets trouvés», Farben (Farbstifte, Öl- und andere Kreiden, Aquarell, Gouache, Kohle, Röthel, etc.), Formen, Formaten, entspannender Meditation, geführten Wachträumen und Traumanalysen, Psychodrama (Theater), Schreiben, Collagen, Modellieren mit Ton, Masken, Bewegung (Tanz) und bewussten Atemtechniken weckt verloren geglaubte Sinneswahrnehmungen und hilft, ungehemmte Kreativität und selbstbestimmte Lebensfreude wieder zu befreien und den GANZEN Menschen zu entwickeln.

Die Behinderung wird zur kreativen Chance der holistischen (ganzheitlichen) Individuation, der Selbstentdeckung und -Förderung: eines selbstbestimmten, glücklichen Lebens!

Autor:
Mario R. Mainetti
Ländtestrasse - rue du Débarcadère 32, 2503 Biel-Bienne
e-mail: arttherapie@gmx.net, web: www.arttherapie-mainetti.ch

Heilung durch Persönlichkeitsentwicklung und Reiki

Persönlichkeitsentwicklung

Die Persönlichkeit umfasst einzigartige psychische Eigenschaften eines Individuums. Es unterscheidet sich darin von anderen Individuen. Die Persönlichkeitsentwicklung bedeutet, wie sich eine Persönlichkeit mit ihren Eigenschaften unter bestimmten Bedingungen entwickelt. Jeder Mensch entwickelt seine Persönlichkeit automatisch im Laufe seines Lebens. Sei es durch gewisse Lebensumstände, Schule, Berufsalltag, persönliche Beziehungen, Krankheiten und so weiter. Die einen entwickeln sich mehr und schneller, andere weniger und langsamer. Doch wohin entwickeln wir uns? Und welche Auswirkung hat die Persönlichkeitsentwicklung auf unsere Heilung?

Mein Weg zur Persönlichkeitsentwicklung

Seit ungefähr 13 Jahren befasse ich mich bewusst mit spirituellem Heilen. Ich komme beruflich aus dem schulmedizinischen Bereich. Meine Grundausbildungen sind Medizinische Praxisassistentin, diplomierte Pflegefachfrau und diplomierte Rettungssanitäterin. Für mich war bis im Jahre 2000 alles suspekt was mit geistigem Heilen, Komplementärmedizin oder Energiearbeit zu tun hatte. Spiritualität war etwas für andere. Vielleicht versuchte ich ab und zu eine Erkältung mit Homöopathischen Mitteln oder mit Phytotherapie zu behandeln, nach dem Motto: nützt es nicht, so schadet es nicht. Im Laufe meiner schulmedizinischen Laufbahn arbeitete ich mehrere Jahre auf einer Notfallstation und im Rettungsdienst. In diesem Bereich hat anderes Heilen als das schulmedizinische keinen Platz. Meistens muss alles schnell gehen, Medikamente werden grosszügig eingesetzt und um Leben zu retten, müssen oft auch invasive Eingriffe gemacht werden. Zeit für Trauer oder die Verarbeitung von Eindrücken und Traumata gab es nicht. Im meiner Rolle als Rettungssanitäterin musste ich einfach funktionieren. Anfangs nur im Beruf, doch mit der Zeit habe ich mich so vom Leben abgeschnitten, dass ich auch im privaten Leben nur noch funktionierte. Im Jahr 2000 zeigte mir das Leben, dass ich radikal etwas verändern musste. Ich erkrankte an einer Erschöpfungsdepression und litt unter Angstzuständen so, dass ich gezwungen wurde, mir eine Auszeit zu nehmen. Da ich noch immer ausschliesslich schulmedizinisch dachte, startete ich mit Psychopharmaka. Dies mit der Idee nach einem Monat Pause und medikamentöser Unterstützung wird alles wieder gut und ich kann weiterfahren wie bisher. Dem war leider nicht so – oder aus heutiger Sicht Gott sei Dank. Ich kehrte auf die Arbeit zurück und bereits nach ein paar Minuten in der Notfallstation reagierte mein Körper so massiv mit Zittern und Herzrasen, dass ich wieder nach Hause geschickt wurde. Zu diesem Zeitpunkt war ich bereit alles zu tun, dass es mir besser ging. Ich besuchte eine Psychotherapeutin und diese begleitete mich über Monate durch die Verarbeitung der Traumata. Sie lehrte mich unter anderem mein Verhalten zu ändern, mir ab und zu eine Auszeit zu gönnen und mich wieder auf meine Gefühle zu verlassen. Dies war für mich der erste bewusste Kontakt zur Persönlichkeitsentwicklung. Dieser Bereich und die Spiritualität begannen mich sehr zu interessieren. Da ich in dem Moment wirklich offen war für jegliche Möglichkeit der Heilung, wurden auch viele Methoden, in Form von Büchern und eigenen Erfahrungen, an mich herangetragen. Ich las viel über die Unterstützung durch Engel und andere Wesen, machte autogenes Training, ging in ein buddhistisches Zentrum um zu meditieren, malte viel, liess mir durch einen Schamanen Seelenanteile zurück holen, probierte verschiedene Psychotherapierichtungen aus und gönnte mir viele Stunden in der Natur.

Reiki

Reiki kommt aus dem Japanischen und bedeutet übersetzt „universale Lebensenergie". Reiki wird durch die Hände des Behandelnden weitergeleitet. Heilen oder Lindern durch Auflegen der Hände ist ein uraltes Wissen der Menschheit. Reiki aktiviert die Selbstheilungskräfte, kräftigt Körper und Geist und löst Blockaden, welche oft Ursachen für körperliche Leiden sind. Reiki unterstützt medizinische und therapeutische Behandlungen. Die Reikibehandlung ersetzt jedoch nicht den Besuch beim Arzt oder andere medizinische Behandlungen.

Reiki – Meine Erfahrung

Irgendwann im Laufe meiner Entwicklung wurde auch Reiki an mich heran getragen. Eine Arbeitskollegin bot mir eine Reiki Behandlung an, als ich wiederholt Rückenschmerzen hatte. Ich war damals seit Jahren immer wieder in physiotherapeutischer Behandlung. Diese linderte meine Beschwerden jeweils für ein paar Wochen. Mein Hausarzt meinte, dass ich wohl mit diesen wiederkehrenden Schmerzen leben müsse, da ich durch meine Arbeit als Pflegefachfrau und Rettungssanitärin meinen Rücken immer wieder überbeanspruchte. Die Arbeitskollegin legte ihre Hände zuerst auf meine Schultern und liess diese während ein paar Minuten dort ruhen. Anfangs spürte ich nichts, ausser der Berührung der Hände. Doch plötzlich fühlte ich eine starke Wärme und ein Kribbeln an dieser Stelle. Genau in dem Moment sagte die Kollegin, jetzt fliesst es. Es fühlte sich sehr angenehm und entspannend an. Nach ein paar Minuten wanderte sie an meinem Rücken weiter nach unten und liess jedes Mal ein paar Minuten die Hände ruhen. Bis sie ganz unten an der schmerzenden Stelle angekommen ist. Dort verspürte ich anfangs einen kühlen, fast stechenden Schmerz. Gut auszuhalten, jedoch etwas unangenehm. Nach einem kurzen Moment veränderte sich das Gefühl. Das Stechen wurde zu einem angenehmen Kribbeln und das kühle Gefühl, wurde warm, beinahe heiss. Jedoch auch wieder sehr angenehm und entspannend. Mit der Zeit fühlte ich, wie sich die Wärme in meine Beine ausbreitete. Die Kollegin behandelte dann auch noch meine Beine und Füsse. Nach etwa einer halben Stunde, erklärte sie, dass die Behandlung zu Ende sei. Ich bewegte mich vorsichtig und war sehr erstaunt, dass der Schmerz im unteren Bereich des Rückens verschwunden ist. Ich spürte höchstens noch einen warmen Druck, wie wenn ihre Hände immer noch auf meinem Rücken lägen. Ab diesem Zeitpunkt liess ich mich regelmässig von ihr mit Reiki behandeln. Ich bemerkte, dass ich allgemein viel entspannter war und sogar andere Beschwerden nicht mehr so oft auftauchten. Nach ein paar Monaten entschloss ich mich, selbst die Ausbildung zur Reiki Therapeutin zu machen.

Auszeit

Für mich sind seit dieser Zeit die Reiki Behandlungen eine Zeit um mich zurück zu ziehen und mir für einen Moment eine Auszeit vom Alltag zu gönnen. Dadurch, dass ich mich mittlerweile selbst behandeln kann, habe ich die Möglichkeit, diese Auszeiten täglich mindestens ein paar Minuten einzuplanen. Besonders in arbeitsintensiven Zeiten tanke ich in diesen Auszeiten wieder Kraft, um die steigenden Herausforderungen im Berufsalltag zu bewältigen. Nebst der Stärkung des Immunsystems und der Psyche ist die Auszeit eine gute Gelegenheit, meine Kreativität zu fördern. Während der Zeit der Entspannung und der Ablenkung vom Alltag, finde ich in der Regel die besten Lösungen und habe viele Ideen, um berufliche oder private Herausforderungen zu bewältigen. Da ich ein abwechslungsliebender Mensch bin, habe ich noch weitere Ideen für eine Auszeit ausprobiert. Zum Beispiel regelmässiger Aufenthalt in der Natur, Trommeln in einer Gruppe, Geschichten erzählen und zuhören, geführte Meditationen oder Phantasiereisen, Malen und so weiter. Jede Methode, in der ich meinen Kopf ausschalte, stärkt meine Energie und lässt meine Persönlichkeit weiter entwickeln, in dem ich bewusster werde.

Wahl der Behandlungsmethoden

Ich habe mit diesen verschiedenen Therapiemethoden mein Selbstbewusstsein so weit gestärkt, dass ich seltener krank werde, ruhiger und gelassener mit Herausforderungen umgehe und mein Leben bewusster gestalten kann. Ich schaffe es heute sogar, ohne blockierendes Lampenfieber vor Menschen zu stehen. Falls ich doch krank werde, habe ich in der Regel die Möglichkeit mich ohne schulmedizinische Medikamente oder Operationen zu heilen. Ich schliesse nicht aus, dass ich mich schulmedizinisch behandeln lassen muss. Medikamente oder Operationen, welche im Notfall das Leben retten können, haben aus meiner Sicht immer noch einen wichtigen Platz in unserer Vielfalt der Behandlungsmöglichkeiten. Doch heute gehe ich einen anderen Weg, in dem ich durch die Persönlichkeitsentwicklung, Reiki Behandlungen oder die regelmässigen Auszeiten, Krankheiten und Unfälle zu verhindern versuche. Durch Komplementärmedizinische Behandlungsmöglichkeiten lindere ich nicht nur die körperlichen Beschwerden, sondern mache einen Entwicklungsschritt in meiner Persönlichkeit und heile meinen Körper, meinen Geist und meine Seele nachhaltig.

Jede Behandlungsmethode oder Therapierichtung ist von mir aus gesehen eine gute Möglichkeit sich zu heilen. Die Methode muss vor allem zu dem Menschen, den jeweiligen Beschwerden und der Lebenssituation passen. Deshalb ist ein ganzheitlicher Blick sinnvoll, um die „richtige" Behandlungsmethode zu wählen. Anfangs geht es oft darum, in einer Behandlungsmethode Erfahrungen zu sammeln um zu erkennen, ob die Behandlungsmethode in diesem Moment zu diesem Menschen und zu diesen Beschwerden passt. Sehr wertvoll sind viele Komplementärmedizinische Behandlungsmethoden auch zur Vorbeugung von Krankheiten, so dass sich Beschwerden im Körper nicht manifestieren können.

Angebote bei AQUILA-Raum für Persönlichkeitsentwicklung

Ich habe in meinem bisherigen Leben viele verschiedenen Methoden ausprobiert, angewendet und Erfahrungen darin gesammelt. Dabei habe ich erkannt, dass für mich lösungsorientierte Beratungen, Auszeiten durch Meditationen, Trommeln oder der Aufenthalt in der Natur, Rituale oder Reiki Behandlungen am nachhaltigsten wirken. Aus diesem Grund habe ich mich in diese Richtungen ausbilden lassen und bilde mich nach wie vor darin weiter.

Seit 2011 bin ich in der glücklichen Lage, dass ich meine Erfahrungen in diesen Behandlungsmethoden an meine Mitmenschen weitergeben kann. In Form von lösungsorientierten und medialen Beratungen, Reiki Behandlungen, Ritualbegleitungen und Auszeiten bei AQUILA-Raum für Persönlichkeitsentwicklung, biete ich allen interessierten Menschen die Unterstützung an, sich persönlich weiter zu entwickeln, bewusster zu werden und somit sich nachhaltig zu heilen.

Autorin:
Alexandra Meuwly, Hasenmattstrasse 13 M, 3427 Utzenstorf
e-mail: kurzzeitberatungen@gmx.ch, www.kurzzeitberatungen.ch

Die Geschichte der Hündin Nala
und worauf uns vermisste Tiere aufmerksam machen können

Nala wurde bereits seit 2 Jahren vermisst, und trotz aller Bemühungen der Besitzerin, von Freunden und vielen anderen Helfern, blieb sie unauffindbar. In einem waren sich alle einig; Nala lebt und kommt wieder nach Hause! Ein "Zufall" führte die Besitzerin zu mir, und wie sich später herausstellte war es weit mehr als das. Nala ist eine sehr aussergewöhnliche Hündin. Ihre Präsenz ist dermassen stark, dass sogar erfahrene Tierkommunikatoren sie auf den ersten Blick als physisch lebend wahrnehmen, was sie jedoch nicht ist. Gerade jetzt, in diesem Moment, sitzt sie wieder neben mir, schaut zu mir und meint: "Ich bin trotzdem da".

Tiere zu suchen gehörte bis dahin nicht in meinen Arbeitsbereich, und ich tat dies nur in Ausnahmefällen. Bis dahin hatte ich mich eher mit Trance-Heilung, medialer Beratung und Channeling beschäftigt. Ich empfand es generell schwierig, denn lebende Tiere können uns weder Orts- noch Strassennamen angeben. Sie sind wohl in der Lage mir zu zeigen was sie sehen und in welcher Richtung ihr Zuhause liegt. Dennoch bleibt es ein anspruchsvolles Unterfangen sie auch zu finden, zumal sie oft nicht länger an einem Ort verweilen, ausser wenn sie eingesperrt sind. Alle diese Faktoren zusammen erklären vielleicht, weshalb so wenige Tierkommunikatoren oder Medien die Suche nach vermissten Tieren anbieten.

Als ich nach Nala zu suchen begann glaubte ich zu Beginn auch, dass sie noch körperlich bei uns ist. Sie gab mir zwar Hinweise, die ich so nur von den Jenseitskontakten mit verstorbenen Menschen her kannte, diese standen jedoch im Widerspruch zu der Lebendigkeit, die ich bei Nala wahrnehmen konnte. Die vielen Hinweise von Nala, die bei mir mehr Fragen als Antworten aufwarfen, erklärten sich im späteren Gespräch mit der Besitzerin. Einer der Hinweise brachte für sie die traurige Gewissheit, dass Nala nicht mehr nach Hause zurückkehren würde. Nala zeigte mir ein Bild, in welchem neben ihr ein Wildhüter stand, der ein Gewehr über der Schulter trug. Sie gab mir zu verstehen, der Wildhüter sei ein Freund, der zu ihr schaue. Dies verstand ich vorerst nicht. Wie mir später erklärt wurde, befand sich in der Nähe wo Nala entlaufen war ein kleines Waldstück und man bat deshalb die Jäger nicht auf freilaufende Hunde zu schiessen. Nala wusste dies und bedankte sich bei ihrer Besitzerin mit ihrer ganzen Liebe dafür.

Inzwischen ist mir Nala eine treue Gefährtin. Sie bietet den vermissten Tieren Schutz, hilft ihnen die Strassen zu überqueren und begleitet sie nach Hause, sofern der vermisste Liebling dies auch wünscht. Sie ist mir eine sehr grosse Hilfe. Zudem hilft mir ein kleines verstorbenes Mädchen, das die vermissten Tiere spielerisch nach Hause führt. Dies ist dann der Fall, wenn zum Beispiel eine Katze auf Erkundungstour ist, sich dabei immer weiter von seinem Zuhause entfernt und einfach vergisst, dass es so langsam an der Zeit wäre, sich wieder mal bei Frauchen oder Herrchen zu zeigen.

Ein Team mit Herz und Verstand. Die Liebe der beiden für die vermissten Tiere berührt mich immer wieder aufs Neue.

So wurde ein "Zufall" zu einer Wegweisung. Es geht ja nicht nur darum, die Tiere wieder wohlbehalten nach Hause zu führen, sondern auch den Halterinnen und Haltern aufzuzeigen, was die Bedürfnisse ihres tierischen Lieblings sind, und dass diese immer aus freien Stücken bei ihrem Menschen bleiben. Sie unterstützen uns dabei, ihre Natur zu verstehen, gerade indem sie plötzlich fort sind und damit die Gewohnheiten des Alltags durchbrechen.

Oft durfte ich erleben, dass sie IHRE Menschen wieder näher zusammenbringen oder dass sie sogar bestehende Reisepläne verhindern, wie im Fall eines entlaufenen Hundes, der sich erst 2 Tage nach einer geplanten Abreise einfangen liess. Und kürzlich stoppte ein sehr beherzter Kater die Reiseroute seiner "Dosenöffner", da er sie nicht für sicher erachtete. Er kehrte erst zum Wohnmobil zurück, als die geplante Route geändert worden war. Tiere haben ein Gespür für drohende Gefahren und sie warnen uns auch, wie es ihnen in der Situation möglich ist.

Tiere schützen uns nicht nur vor drohendem Unheil, sondern sie unterstützen mit ihrer bedingungslosen Liebe unsere Gesundheit. Sie trösten uns, wenn wir traurig sind, und sie helfen uns schnell wieder gesund zu werden, wenn wir krank sind. Versuchen wir deshalb unsererseits mehr auf sie zu achten und ihre Welt besser zu verstehen. Es lohnt sich sehr.

Autorin: Mari Muiños, Haldenstrasse 8, 8353 Elgg
e-mail: amala@bluewin.ch, web: www.amala.es

EmotionaleTherapie

Auflösen von Belastungen durch Traumen und schmerzhaften Erfahrungen

Ich kenne und bewundere Elisabeth seit meiner Kindheit. Vor einigen Jahren lag sie mit sehr starken Rückenschmerzen, kraft- und mutlos in der Klinik. Sie sprach auf die Behandlung nicht an. Etliche Skoliosen krümmten ihre Wirbelsäule. Die Spannung der Rückenmuskulatur war enorm hoch. Die Gefässe konnten unter diesem grossen Druck ihre Aufgaben nicht mehr vollumfänglich erfüllen.

Ich erzählte ihr von meiner Arbeit, die Menschen an den Zeitpunkt der Entstehung ihrer Schmerzen, Verspannungen und den dazugehörigen Gefühlen zu führen, damit sie diese auflösen können. Berührung und leichte Massage der schmerzenden Körperstellen fokussiert ihre Aufmerksamkeit auf diese. Während der Berührung werden sie auf einer mentalen Reise begleitet, um den Moment des Entstehens zu erkennen. Elisabeth wollte diese Möglichkeit nutzen. Ich erklärte ihr mein Vorgehen. Sie dürfe dabei nicht ‚wegtreten', ihr Bewusstsein müsse aktiv bleiben, um mir Rückmeldung geben und jederzeit abbrechen zu können, wenn sie dies möchte. Wir hatten Ruhe und Zeit, in ihrem Zimmer zu arbeiten.

Ich führte Elisabeth in die ‚EmotionaleTherapie' wie ich sie nenne, an den Zeitpunkt wo die Schmerzen entstanden. Schnell kam Elisabeth über das Körperempfinden, den Schmerzen im Nacken und Schulterbereich, in ihre Kindheitstage.
Sie und ihre Geschwister hatten einen aussergewöhnlich strengen Vater, der seine Kinder oft grundlos schlug. Sie ist das jüngste von vier Kindern, ein Nesthäkchen, elf Jahre jünger als ihre grössere Schwester.

Auf der Reise sah sie eine Situation vor sich, als ihr der Vater verbot, auf einen Schulausflug mitzugehen und sie verprügelte. Jeden Freitag wusste sie, dass sie beim nachhause kommen, für sie grundlos, von ihm geschlagen wird. Dazu kamen die Erniedrigungen in verbaler Form und Nichtbeachtung. Das kleine Mädchen war voller Angst und konnte wie seine Geschwister keinen Selbstwert aufbauen. Ihr Körper verspannte sich immer mehr.
Der Vater betrog seine Frau ganz offensichtlich, er holte fremde, reiche Frauen ins Haus um sie gesundheitlich zu behandeln und be-

schenkte sie mit Blumen. Die Kinder erlebten dieses Verhalten fast täglich, was sie zusätzlich verunsicherte. Natürlich wirkten diese Traumen in ihrem späteren Leben als erwachsene Frau. Die Ehe mit einem aggressiven Mann war die gleiche Hölle wie ihre Kindheit und Jugend. Bis sie einen liebevollen Mann traf, der sie unterstützte wo er nur konnte. Mit seiner Hilfe stand sie die schwierige Scheidung durch, dies in den Jahren, in denen die Frauen nicht allzu viele Rechte hatten. Nach Ablauf der gesetzlichen Wartefrist heiratete sie den Mann. Die Ehe war und ist ein Segen, ein Kind krönte schon bald nach der Heirat das Glück.

Doch die Schmerzen blieben und wurden stärker, es kamen immer mehr körperliche Beschwerden dazu. Die innere Haltung, nichts wert zu sein, begleitete sie weiterhin. Das veranlasste Elisabeth, wie gelernt, immer das zu tun was andere wollten und forderten. Das Gefühl sagte ihr, ausgenutzt und gegängelt zu werden. Obwohl sie dies nicht wollte, konnte sie nichts gegen ihr Handeln tun. Sie konnte den Teufelskreis nicht durchbrechen.

Nun lag sie in der Klinik und keiner wusste so genau, woran die Schmerzen lagen und woher sie kamen.

Ich half ihr, sich mit der EmotionaleTherapie, von den Suggestionen, wertlos zu sein und den Traumen die aus den Schlägen, Verboten und Erniedrigungen stammten, zu lösen. Sofort hatte der Körper keinen Grund mehr, sie auf ihre innere verkrüppelte Welt und die Wut aufmerksam zu machen. Sie verschwanden fast ganz. Sofort war Elisabeth in der Lage, schmerzfrei den Arm zu heben, ihr Kopf war klar und ein nie gekanntes Gefühl von Freiheit durchströmte sie. Wir wiederholten diese Therapie noch einmal und lösten andere Belastungen, die noch da waren und das Selbstwertgefühl niederdrückten. Selbstverständlich konnten wir mit der EmotionaleTherapie die verfestigten körperlichen Veränderungen, wie Skoliose und stark erkranktem Darm, nicht wegzaubern.

Nach drei Tagen wollte Elisabeth aus der Klinik nach Hause. Sie bat ihren Mann, sie abzuholen, obwohl die vorgeschlagenen Behandlungen noch nicht abgeschlossen waren. Um Vieles selbstbewusster begann Elisabeth, ihr Leben in die eigenen Hände zu nehmen. Nach ein paar Wochen erzählte sie mir, dass sich alle in ihrem Umfeld wundern, wie klar sie nein sagen und dabei bleiben könne. Sie wirkte gelöst, frei und glücklich. Ich freue mich heute noch mit ihr über das ‚neue‘ Gefühl, das immer stärker wird. Sie betont immer wieder, wie sehr ihr diese Therapie geholfen hat. Heute ist Elisabeth eine starke, selbstbewusste Frau, die ihr Leben immer mehr in die eigenen Hände nimmt und sich daran sehr freut. Weiterhin unterstützt sie ihr Mann liebevoll und steht ihr zur Seite.

Während der Ausbildung zum HypnoCoach in 2013 wurde mir klar, dass die Reisen der EmotionaleTherapie mit Hypnose und schamanischer Praxis vergleichbar sind. Das motiviert mich für meine künftige Arbeit sehr.

Autorin: Iris Neumeier, Fähriweg 15, 4322 Mumpf
e-mail: info@ praxis-neumeier.ch, praxis-neumeier.ch, seelentrost.ch

Musiktherapie für Kinder - ein Weg in die Welt

Mama Nena bringt Rafael zu mir in die Praxis: "Rafael kann sich nicht im Kindergarten integrieren, er schlägt die anderen Kinder, ist laut und kann nicht ruhig sitzen. Die Kindergärtnerin hat schon mehrere Male mit mir gesprochen. So wie es jetzt ist, kann es im Kindergarten nicht weitergehen." Während Nena erzählt, rennt Rafael wild im Kreis herum. Er wird einen Moment lang ruhig, als er mit seiner Mama auf dem Musikbett liegt. Die Melodie, die ich für ihn spiele, gefällt ihm. So stimmt er weiteren Treffen hier in der Praxis zu.

Nun kommt Rafael regelmässig einmal pro Woche. Von Anfang an führe ich ein Ritual ein: ich singe ihm sein Begrüssungslied auf dem Musikbett, wenn er kommt. Bevor er geht, zünden wir eine Kerze an und löschen sie auch wieder aus. Dazwischen erforscht Rafael den Raum, unermüdlich, will wissen, wie alles funktioniert. Alles, was ich ihm anbiete, verwandelt er in eine Waffe: Flöten werden zum Gewehr, Hölzer zu Tieren, die er abschiessen muss. Ich lasse nicht zu, dass sein Schiessen unsere Begegnung verunmöglicht. Mal für Mal bette ich es entweder in Klänge ein oder wir erforschen es auf kreative Art und Weise.

Auch das Thema Feuer fasziniert ihn: wir malen es, wir sprechen darüber, was alles durch Feuer passieren kann. Am Klangbett machen wir starkes Feuer, schwaches Feuer und viel Rauch. Im Laufe der Sitzungen freut es mich zu merken, wie aus einsamem Spiel immer mehr gemeinsames Spiel wird, eine Begegnung. Das Schiessen nimmt ab und wird ersetzt durch gemeinsames Schlagen auf Klangschalen, laut, sehr laut, nicht schön, aber gemeinsam. Rafael muss nicht mehr in der Praxis herumrennen, sondern er kann sich niederlassen, ankommen, während langen Momenten ruhig sitzen. Er nimmt mich wahr, ist mit mir. Während der ganzen Zeit bleiben sich Anfang und Ende immer gleich: das Begrüssungslied und die Kerze; sie rahmen unser Spiel verlässlich ein.

Im Kindergarten spielt er immer mehr mit den Kindern. Er wird von den anderen besser akzeptiert. Er kann der Kindergärtnerin zuhören und ausführen, was sie von ihm verlangt. Während er vorher einen Morgen zuhause blieb, kann er nun den Kindergarten täglich besuchen. Nie stand während der Stunden "das schlagende, auffällige

Kind" im Vordergrund. Wichtig war die Kraft und Vitalität, mit der Rafael dem Leben begegnete. Alles, was er in die Stunde mit einbrachte, war für mich eine Einladung zu einer Begegnung, einem gemeinsamen Erlebnis oder auch zu einer Auseinandersetzung. Musik gab dabei die Möglichkeit, miteinander zu kommunizieren, beieinander zu sein, gab Leisem und Lautem Ausdruck. So wurde es hörbar und ich konnte darauf Antwort geben.

Unser wertfreies Beieinander-Sein, eingerahmt von Musik, ebnete den Weg in die Welt.

Autorin: Tamara Pabst, Neuwiesenstrasse 69, 8400 Winterthur
e-mail: tamara@om-for-you.com, www.om-for-you.com und
www.beyond-disability.org

Erkenntnisse der weiblichen Quelle

HEILMASSAGEN DER YONI
Die Yoni bedeutet in Sanskrit: Vulva, Vagina und Uterus, Schoss, heiliger Raum oder Quelle. Mein persönlicher Weg zur Heilmassage der Yoni, kombiniert mit AUNDA healing: Viele Jahre, gar Jahrzehnte suchte ich vergeblich nach Hilfe. Die schon ewig bestehenden Lendenwirbelsäulenschmerzen konnten oft nur kurzzeitig kuriert werden. Dabei suchte ich verschiedenste Therapieverfahren. Was alle Methoden gemeinsam hatten, die Schmerzen kamen zurück, manchmal früher, manchmal später. Meine ganze Lebensqualität war durch diese Schmerzen vermindert. Jeden Morgen stand ich mit Schmerzen auf. Ebenso die Sexualität war beeinträchtigt, Lustlosigkeit, Stimmungs-Schwankungen bis hin zu leichten Depressionen, alle Phasen durchlebte ich in dieser Zeit. Doch an wen sollte ich, selbst Therapeutin, mich noch wenden? Was ich schon alles versuchte: Physiotherapie, Osteopathie, Kinesiologie, Bio-Reflex, Bewegungstherapie, Sport, Rückenturnen, Yoga, systemische Familienaufstellungen, Psychotherapie, Geistheilung, um nur einige zu nennen. Wie immer im Leben, wie durch eine Fügung und Führung, erfolgte mein Weg zur Heilung.

Eine meiner AUNDA healing Schülerin fragte mich an, ob ich ebenso teilnehmen würde an einer Ausbildung um die Heilmassage der Yoni zu erlernen, um dadurch die tief sitzenden und verborgenen Wunden (von möglicher Gewalt, Missbrauch, seelisch und körperlich, schwere Geburten und andere Traumen) zu erlösen? Meine erste Reaktion war Angst und Widerstand. Bereits schon der sehr ausführliche Fragebogen am Anfang brachte mich „ins Schwitzen". Die Resonanz war perfekt. Also willigte ich mit einem zwiespältigen, doch wohlweislichen Gefühl ein, dass das tief gehen könnte, aber ich mir dadurch nur Gutes tun würde. Wusste ich, da wo die meisten Widerstände waren, lag das grösste Wachstumspotenzial verborgen.

Die Heilmassage der Yoni (der weibliche Heilungsweg) ist eine aussergewöhnliche feine Massage-Methode, wobei Schamgefühle, Ängste, Hemmungen überwunden werden dürfen, um an die tief liegenden Traumen, welche verborgen in der Yoni gespeichert sind, zu gelangen. Die göttliche Präsenz der Frau wird durch diese Massage bewusst erlebt und verehrt. Ebenso wird der Weiblichkeit, der femininen Schönheit der Frau, kombiniert mit der starken Frequenzarbeit

AUNDA healing, grosse Achtung geschenkt. Die ganzheitliche Heilmethode arbeitet auf Körper, Seelen und Geist-Ebene. Dadurch wird die Kraft und die Heilung gefördert, sowie das Selbstbewusstsein gestärkt. Neue Er-Lebenswege werden möglich.

Vorgehen: In einem vorgewärmten Raum beglückt Sie eine vorgewärmte Massageliege, ein liebendes, mitfühlendes Herz und zarte heilende Hände. Der Anfang macht eine äusserst feine Ganzkörper-Massage mit Feder und Fellchen, welche später übergeht in eine warme Ölmassage (Mandel-, Kokos- Sesam- oder Arganöl). Jeder sensitive und feinbesaitete Körper kann so die Ur-Nahrung, die bedingungslose Liebe empfangen, die absichtslos und hingebungsvoll mit AUNDA healing kombiniert wird. Die hohe Frequenz des AUNDA healings erreicht dabei eine stark heilende Wirung und vermag alte Blockaden zu lösen.

Persönliche Erfahrung: „Sich in dieser Entspannung an den intimsten, hochsensiblen Zonen absichtslos berühren zu lassen, war die mutigste und tiefste Heilung, die ich in meinem Leben erfahren durfte. Ich hatte anfangs meine Ängste, Verkrampfungen, Schmerzen, Narben, Wunden und Widerstände, doch das sich Öffnen, mein Wunsch zur tiefen Heilung, die zarten Berührungen und die richtige Atemtechnik dazu, hat in mir Grosses vollbracht. Die körperlichen und seelischen Wunden von der groben Entjungferung bis hin zum körperlichen und seelischen Missbrauch, zum Dammschnitt, der langen schwierigen Geburt, Operationsnarben, bis hin zu Abgängen, mit vielen weiteren groben Erlebnissen, welche schon jahrelang meine Seele und meinen Körper blockierten, liess mich ganz tief blicken und meine längst erfahrenen Blockaden endlich lösen. In der fünften Heilmassage der Yoni konnte ich Bilder aus meiner eigenen Geburt in mir auftauchen sehen. Ich konnte beobachten, wie man mich kopfüber an den Füsschen gehalten hatte und wie man mir einen Klaps auf den Po gegeben hatte. Bei diesen Bildern entwich ein urtiefer, laut hörbarer Schrei meine Seele. Heftig was in mir geschah, ausgelöst durch diese Heilmassage der Yoni. Doch welch wunderbare Befreiung. Seither hatte ich nie mehr Rückenschmerzen!

In einer der folgenden Yoni Heilmassage, die ich annehmen durfte, begann ich heftig zu zittern bei der körperlichen Berührung, durch das Erfühlen von kalter, nackter Haut auf mir, welche mich erinnerte an den frühkindlichen Missbrauch. Bei einer weiteren Heilmassage der Yoni durfte ich die heftigen Schmerzen bei der 13stündigen Geburt von meiner Tochter heilend lösen. Endlich durfte Heilung eintreten. Das zusätzliche Auflegen des ISIS Plaids (spezielle Heil-Decke informiert mit der ISIS-Frequenz) beruhigte mein Zittern und beruhigte mich innerhalb von fünf Minuten."

Nach diesen und vielen weiteren erlösenden Erlebnissen war klar: Mein Wunsch nahm Formen an, diese Heilmassage der Yoni selbst zu erlernen und sie weiterzugeben. Dadurch lernte ich die Heilmassage der Yoni in einer Jahresausbildung durch Selbsterfahrung kennen, welche ich wunderbar kombinieren kann mit all meinen bisherigen medizinischen Ausbildungen, Ganzkörpermassagen, Fuss-Reflexzonen-Massage, Psycho-Kinesiologie und der unübertrefflichen Frequenzarbeit von AUNDA healing.

Seit 2014 ist die Weitergabe zur Erlernung der Heilmassage der Yoni (mit oder ohne der Kombination AUNDA healing) in einem Frauenkreis möglich. Das was es dazu braucht, ist Offenheit und der tiefe Wunsch nach diesem einzigartigen, neuen weiblichen Heilungsweg. Es erwartet Sie ein liebendes Herz mit viel Feingefühl und Hingabe, welche ich durch meine Lebensumstände und durch meine eigenen heftigen, zwischenzeitlich aufgelösten Lebenserfahrungen, selbst mitbringe. Die Heilmassage der Yoni kombiniert mit AUNDA healing, biete ich mit viel Achtsamkeit und Hingabe an und erlebe immer wieder, wie vertrauensvoll sich die Frau mir zuwendet. Von Dankbarkeit und Freude getragen, und dem Geschehen lassen, wozu der eigene Körper, die eigene Seele und der Geist, zur Zeit bereit sind. Loszulassen, frei zu werden, um den Weg in die eigene Freiheit gehen zu dürfen, das ist mein Weg, den ich vorlebe und allen die dazu bereit sind, eröffne. Absichtslos, hingebungsvoll und präsent und mit einer tiefen Hingabe und Liebe im Herzen, so wird wahre Heilung möglich. Zudem erhält die Sexualität durch diese Heilmassagen neue, heilende Aspekte, welche dadurch erfüllend und lustvoll gelebt werden darf. Falls auch Sie Lust und Mut haben, den eigenen Widerständen ins Gesicht zu schauen, wagen Sie den Schritt, den Sie nicht bereuen werden. Gerne nehme ich mich einfühlsam und behutsam Ihren Sorgen und Ängsten an. Gemeinsam werden wir Lösungen und Wege finden.

Dauer einer Yoni Heilmassage kombiniert mit AUNDA healing: mind. 120 Min. (manchmal länger) Infos: www.wegderfreiheit.com

Der weibliche Heilungsweg – Heilung der weiblichen Quelle
Feedback-Berichte zur Yoni Heilmassage

25/06/2013, EK sagt: Meine Erfahrungen mit der Heilmassage der Yoni: Kurz nach der Anmeldung bei Tamara stellte sich das Hamsterrad meiner Gedanken ein. Was hast du nur gemacht? Wieso tust du dir das an? Hast du nicht schon genug gelitten? Meine Seele wusste wieso – sie führt uns zum GANZSEIN – HEILSEIN und wünscht sich, sich über einen gesunden Körper auszudrücken. Tamara begrüsste mich in ihrer Praxis – zum Glück war sonst niemand im Haus. Sehr schnell spürte ich, da sitzt mir jemand gegenüber mit identischen Themen und einem grossen Herz. So sagte ich bedingungslos JA zu dieser neuen heilbringenden Erfahrung. Tamara brachte mich in eine meditative Stimmung. Die zarten Berührungen sowie die entspannende Massage am ganzen Körper waren neu für mich und ungewohnt. War es doch so, dass ich immer bereit war zu geben und zuzulassen was der Partner von mir wollte. Durch das Atmen und das Geschehen lassen, lösten sich während der Heilmassge der Yoni Blockierungen. Nach der Dusche erklärte mir Tamara, dass unser Muttermund unser Zentrum sei (wie das Zentrum eines Mandalas). Jetzt zirka 10 Tage nach Tamaras Behandlung habe ich meine Mitte gefunden, bin wie neu geboren, geerdet und freue mich am Leben. DANKE Tamara, dass du uns Frauen unterstützt auch im intimsten Bereich heil zu werden. Herzlichst EK 24. Juni 2013

02/07/2013, JL sagt: Seit den Geburten von meinen Kindern litt ich unter den Folgen von schlecht verheilten Dammschnitten, die auch mein Sexualleben und mein Energielevel negativ beeinflusst haben. Über ein Jahrzehnt lang haderte ich mit meinem Schicksal, bevor ich von der Heilmassage der Yoni erfahren habe. Ich habe mich mit vollem Vertrauen an Tamara gewendet, weil ich sie schon als sehr einfühlsame, herzliche und wissende Therapeutin erlebt habe. Ihre Ganzkörpermassage half mir, in eine tiefe Entspannung zu gelangen, wo ich alle meine Bedenken und meine Scham ablegen konnte. Ich darf gestehen, dass ich ihre Massage in die Kategorie "Achter Himmel" einstufen würde, weil sie es so sensationell einfühlsam und genussvoll macht. Durch diese wunderbare Vorbereitung fiel es mir leicht, mich der Heilmassage der Yoni hinzugeben, selbst dann, wenn schmerzliche Punkte beim Damm berührt wurden. Mit der speziellen Atemtechnik und durch den hilfreichen Einsatz des "Passion Pointers" konnten Narbengewebe, Verhärtungen und die damit zusammenhängenden Schmerzen in einer Sitzung aufgelöst werden. Nach der zweistündigen Session fühlte, und fühle ich mich bis heute anhaltend, wie neugeboren. Es sind nicht nur die Schmerzen, die aufgelöst worden sind, sondern auch meine permanente Müdigkeit hat sich enorm verbessert. Unsere Yoni ist auch unser zweites Herz, die all' unsere Verletzungen, Traumas und Kummer speichert. Wenn sich diese durch Berührung und entsprechende Atmung heilen können, befreien sich auch die blockierten Energiebahnen. Es ist ein einzigartiges Erlebnis. Ich bin für diese neugewonnene Leichtigkeit des Seins, Tamara tief und aus ganzem Herzen dankbar. Ich empfehle diese Methode jeder Frau, die den Mut und die Entschlossenheit besitzt, sich selbst tiefgründig zu entdecken und heilen zu wollen. JL

11/07/2013, FU sagt: Bereits einige Monate vor dem Termin bei Tamara Claudia wurde ich auf die Heilmassage der Yoni vorbereitet. Ich bekam immer wieder innere Impulse, wie auch Zeichen von Aussen, die Weiblichkeit zu heilen, um wieder in die weibliche Urkraft zu kommen. Als ich letzthin auf ein Buch stiess, in dem von diesem Thema zu lesen war und ich zudem auf Tamara Claudia's Homepage ihr neues Angebot über die Heilmassge der Yoni entdeckte, da wusste mein Herz, dass dies (auch) mein Weg zur Heilung ist. Mein Verstand rebellierte, waren doch da in mir immer noch die alten Vorstellungen, "Gebote" und "Verbote" über die Sexualität verankert. Ich bin froh, folgte ich meinem Herzen und machte mit Tamara Claudia einen Termin zur Heilmassage der Yoni aus. Jetzt galt für mich nur noch "Hingabe – Annahme – Loslassen". Die Ganzkörpermassage war sehr entspannend. Bereits bei den ganz feinen Berührungen einer Feder kamen bei mir im Steissbeinbereich Schmerzen und im Unterleib ein Unwohlsein auf. Die Blockaden machten sich deutlich bemerkbar. Die Yoni Heilmassage wurde von Tamara Claudia sehr behutsam, vorsichtig und einfühlsam durchgeführt. Kam sie auf blockierte Stellen, ermunterte sie mich, in den Schmerz hineinzuatmen und alles durch die Kehle hinauszuatmen. Ich durfte alles laut und schamlos hinauslassen. Das war sehr befreiend! Jetzt, 10 Tage nach dieser Massage fühle ich dieser freigewordene Raum im Becken immer noch. Merke aber, dass sich bereits die nächste Schicht leise bereit macht, um geheilt zu werden. Ich bleibe daran, ich werde diesen Weg der Heilmassge der Yoni weitergehen. Ich wünsche hiermit allen Frauen den Mut zu dieser aussergewöhnlichen und nachhaltigen Heilmethode. Und zudem wünsche ich Euch, dass ihr Euch hingeben und Euch fallen lassen könnt, dass Ihr den Schmerz annehmen und willkommen heissen könnt und dass Ihr alles Belastende loslassen dürft. Liebe Tamara Claudia, ich möchte Dir aus tiefstem Herzen MERCI sagen, für diese behutsame, achtsame und einfühlsame Massage. Du machst einen sehr wertvollen Dienst für uns Frauen. Danke für Dein SEIN und WIRKEN NAMASTE, FU

12/07/2013, ML sagt: Ich bin von der Heilmassage der Yoni zutiefst beeindruckt und im Herzen berührt. Jedes Mal darf ich staunen, wie viel Heilung in meinem Körper und meiner Seele geschehen darf. Dankbar dufte ich bereits mehrere Heilmassagen erleben. Jede verlief anders und war für meine Weiterentwicklung in meinem Leben von grosser Bedeutung. Ich erinnere mich, dass ich vor der ersten Heilmassage der Yoni grosse Angst und Schamgefühle hatte. In meinem Inneren begann ein Kampf zwischen meinem Verstand und meiner

Seele. Mein Ego und mein Geist hielten an den alten Denkmustern, Normen und Werten fest. Meine Seele und mein Herz wollten jedoch endlich die heilende Befreiung. Zum Glück folgte ich der Stimme meines Herzens. Ich bin überglücklich und sehr dankbar, dass ich nun über diese so tolle Heilmethode mutig und im Vertrauen meine Lebensthemen anschauen darf. So kann ich sie auf Seelenebene Stück für Stück heilen. Ich brauchte immer wieder Mut an meine Schattenseiten heranzugehen und diese zu durchleuchten. Ich habe bei jeder Heilmassage der Yoni viel weinen oder schreien, ja sogar schallend lachen dürfen. Blockaden werden über die freigewordenen Emotionen losgelöst. Während dieser Massage sind alle Gefühle erlaubt und willkommen. Alles, was unsere eigene Seele zu verarbeiten vermag, darf ans Licht zu Tage kommen und wird für immer geheilt. Ich habe stets die Hingabe und die bedingungslose Liebe von Tamara tief in mir gespürt. Für mich ist Tamara eine feinfühlige, liebevolle wunderbare weibliche Frau, welche ihre Arbeit stets mit viel Hingabe und grosser Achtsamkeit ausübt. Jede Berührung von ihren zarten Händen versetzt mich in einen glücklichen Zustand der tiefsten Entspannung. Ich habe dann das Gefühl von Leichtigkeit in mir und bin jedes Mal von Tamara im Herzen tief berührt. Ich durfte bis heute viele wichtige Themen in mir mit den Heilmassagen der Yoni heilen. Danke, liebe Tamara für deine wunderbare Heilarbeit, welche du mit so viel Liebe machst. Du bist für mich sehr wertvoll. Danke von ganzem Herzen!!! Liebe Leserin, habe den Mut und das nötige Vertrauen diesen neuen wirkungsvollen Weg der inneren Heilung zu gehen. Ich kann nur von meiner Erfahrung sagen, dass es sich manchmal im Leben lohnt, etwas Verrücktes zu wagen. Dank der Heilmassge der Yoni habe ich mehr Selbstvertrauen, mehr Klarheit, Wahrheit, mehr Selbstliebe in mir erfahren dürfen. Ich fühle mich jetzt schon leichter, stärker und spüre viel mehr Lebensfreude in meinem Alltag. Diese innere Methamorphose lohnt sich auf jeden Fall. Ich wünsche Ihnen alles Liebe!

30/07/2013, KP sagt: Die Heilmassage der Yoni ist für mich eine der unglaublichsten Erfahrungen, die ich bisher machen dufte. Ich hatte das grosse Glück T. R. als erfahrene Therapeutin auf meiner Reise zu einem längst verschütteten und für mich unzugänglichen Trauma in meiner Kindheit als Wegbegleiterin an meiner Seite zu wissen. Ihre liebevolle und empfindsame Art spürte jedes offene Bedürfnis nach Geborgenheit und Sicherheit auf, das man in einem solchen Prozess, durch Offenlegen tiefer Wunden erlebt. Von dem ersten Moment der Begegnung mit T.R. erfuhr ich tiefstes Vertrauen zu Ihrer Person und in ihre Arbeit. Vertrauen haben zu können in eine mir zunächst unbekannte Person, um mit ihr in und durch einen so tiefen Prozess zu gehen, war für mich bis zu diesem Zeitpunkt undenkbar. Ich bin zutiefst dankbar, dass ich diese schöne Erfahrung mit ihr machen konnte. Ich konnte mich fallen lassen mit meinem ganzen Sein. Ihre sicheren und warmen Hände haben mich geführt und geschützt. Zu keinem Zeitpunkt erlebte ich mich nackt und verletzlich. Die Heilmassage der Yoni gab mir die Möglichkeit der Begegnung mit mir als Frau und meinem inneren Kind. Ich durfte Heilung erfahren durch Durchleben einer tiefen Verletzung in meiner Kindheit. Endlich, nach 48 Jahren, konnte ich loslassen und weinen. Die Tränen haben mich erleichtert und meinen Blick in die Welt klarer und Konturen reicher gemacht. Ich kann mit aktuellen Herausforderungen des täglichen Lebens leichter umgehen und bin präsenter im Alltag. Darüber bin ich sehr glücklich und sehr, sehr dankbar. Einen besonderen herzlichen Dank an Dich liebe Tamara.

Yamaste! KP

Buchtipp:
Erwache durch AUNDA healing, Tamara Claudia Ruckstuhl

Autorin:
Tamara Claudia Ruckstuhl, Hüsli 2, 8574 Oberhofen/TG
info@wegderfreiheit.com, www.wegderfreiheit.com

Geist-Chirurgie auf den Philippinen -
Eine Erlebnisreise der reinen Göttlichkeit

Während meiner Heilerinnen-Ausbildung in Schweden 1999 – 2001 kam ein philippinischer Heiler zweimal während drei Tagen zu uns. Dies faszinierte mich sehr. Die Liebe, welche der Heiler und seine Helferinnen und Helfer ausstrahlten, die Energie der Heilung, welche sich während diesen drei Tagen in uns und in allen Räumen ausdehnte, war sehr schön. Besonders fasziniert war ich jedoch von der Heil-Technik dieses philippinischen Heilers, der blutigen Geist-Chirurgie. Was für den philippinischen Heiler ganz „normal" war – war für mich etwas vom Eindrücklichsten, das ich je erlebt hatte.

Diese Energien der Liebe und der Heilung begleiten mich bis heute. Ich wusste, dass wenn es Zeit ist, mir die blutige Geist-Chirurgie wieder begegnen würde – als Geschenk des Himmels – könnte man sagen.

Im Januar 2013 kam dann dieses Geschenk zu mir. Von meiner Seele gerufen las ich in einer Fachzeitschrift einen Bericht über die Geist-Chirurgie auf den Philippinen. Siehe da, es gab die Möglichkeit, dieser wunderbaren Heilweise direkt auf den Philippinen zu begegnen und sich ausbilden zu lassen – von Gott geführt und gegeben.

Es sollte so sein, es hatte für mich noch einen Platz frei und bereits im Juni 2013 sass ich im Flugzeug in Richtung Philippinen. Eine Forschungsgruppe aus Deutschland organisiert diese Reisen seit mehr als 15 Jahren. Ich wusste zu Beginn der Reise noch nicht, was all dies mir wirklich zeigen wollte, vertraute jedoch ganz meiner Seele. Sie wusste, wohin die Reise ging. Natürlich war ich auch als Mensch ein bisschen neugierig, was mir begegnen würde! Ganz im Vertrauen sass ich im Flugzeug mit zehn anderen Menschen, die ich noch nicht kannte, wir jedoch über die Herzens- und Seelenenergien uns sofort nahe waren.

In Manila angelangt ging unsere Reise weiter mit zwei kleinen Bussen durch das Land der philippinischen Insel Luzon. Es war ein wunderbares Ankommen. Die Landschaft flog an mir vorbei, hinterliess verschiedenste Eindrücke – ich fühlte mich zu Hause – ein Gefühl der Freude dehnte sich immer mehr in mir aus. Nach sechs Stunden Fahrt bezogen wir unsere Bungalow-Zimmer in einer wunderbaren kleinen Ressort-Anlage direkt am Meer. Kein Tourismus rund herum, die Energie der Philippinen pur mit dessen Menschen und Kultur - wunderbar.

Bereits am darauffolgenden Tag ging es los mit dem ersten Teil der 10-tägigen therapeutischen Behandlungstage. Acht unterschiedliche Heilerinnen und Heiler kamen in den folgenden Tagen zu uns ins Ressort. Jeden Morgen sollten Behandlungen durchgeführt werden, wir durften dabei zuschauen, die Energien während den Heilsitzungen unterstützen und je nach Bedarf auch assistieren. Ich freute mich sehr auf all das, was sich mir zeigen und ich neu erfahren durfte. Ein ganz wichtiger Teil für mich in alledem war, noch mehr in die Energie Gottes einzutauchen - in die bedingungslose Liebe. Ich spürte dort die göttlichen Energien sehr intensiv und wurde nochmals auf eine ganz andere Art und Weise in meiner Seele berührt – ich fühlte mich aufgehoben und geborgen. Die natürliche Demut der Heilerinnen und Heiler berührte mich sehr.

Jeder Behandlungstag wurde begonnen mit einer Zeremonie, einem Ritual seitens den Heilerinnen und Heilern mit ihren Helferinnen und Helfern sowie von unserer Gruppe. Durch die Rituale, das Singen und das Beten wurde das Heilungsfeld für alle geöffnet, eine mentale „Umstellung" fand statt. Dies hat wie in allen Heilweisen die Bedeutung, die Menschen in ihr eigenes Feld hineinzuführen, ihre eigene Verantwortung in allen Dingen zu erkennen und über diese Ebene ins Heilungsfeld einzutreten.

Es war sehr interessant, den Geist-Chirurginnen und –chirurgen in deren unterschiedlichen Arbeitsweisen zuzuschauen. Teilweise haben sie ähnliche Techniken oder auch wieder ganz eigene entwickelt. Ich durfte eine Woche im sogenannten Operationssaal assistieren und mit dabei sein – ganz nah in diesem Heilungsfelde mit all meinen Sinnen alles beobachten. In dieser Energie wird alles ganz natürlich - Zweifel und Fragen schwinden, die Liebe in allen Dingen ist einfach da. Wie überall auf der Welt folgen auch die philippinischen Geist-Chirurginnen und –chirurgen ihrer Berufung und werden auf unterschiedliche Weisen dorthin geführt. Sie wissen sich als von Gott berufen, von Jesus Christus und dem heiligen Geist. Ihre Geistführerinnen und Geistführer begleiten sie dabei. Sie erkennen sich ganz klar als Kanal all dieser göttlichen Energien – sie führen aus und die göttliche Liebe heilt.

Blutige Geist-Chirurgie wird auf den Philippinen bereits seit hunderten von Jahren praktiziert. Bereits Paracelus hat vermerkt, „es gebe

Menschen, welche in andere Menschen hineingreifen können". Heilung ist auf den Philippinen öffentlich, jedermann kann zuschauen.

14 Tage in diese wunderbaren Energien einzutauchen und Heilung in jeglichen Belangen erfahren zu dürfen, war für mich ein sehr berührendes Erlebnis. Ich war nicht in meiner Aufgabe als Heilerin dort, sondern einfach als Mensch. Ich konnte geniessen, schauen und beobachten. Eintauchen in ein Feld des Heilens und des Wissens auf eine neue Art und Weise und doch in der Essenz in allem gleich - in der Liebe und der Kraft Gottes. Meine eigene Seelenwahrnehmung in all diesen Dingen klar zu spüren war für mich ganz wichtig, meine Fühlbarkeit und die Wahrheit darin zu erkennen – meine Wahrheit.

Zu diesen sehr erholsamen Energien haben auch noch andere Dinge beigetragen. Das warme Meer, welches jeden Tag zum Bade einlud und mit seinen Salzenergien vieles transformierte. Das warme Klima und der Sonnenschein, welche die Seele haben baumeln lassen und das Herz erfreute. Die liebevollen Menschen im Ressort, in den Dörfern und in den Städten, immer mit einem hilfsbereiten und freundlichen Lächeln im Gesicht. Diese ganzheitliche Erfahrung war für mich in meinem Seelendasein wie auch in meiner täglichen Arbeit zu Hause sehr tiefgreifend verändernd.

Im November 2013 flog ich nochmals auf die Philippinen und folgte weiter meinem Seelenruf. Bei einem Lehrheiler durfte ich mich ausbilden lassen und wurde in dessen Wissen und Weisheiten eingeführt. Ich habe mich in die Heilweise Geist-Chirurgie und in alledem, was diese beinhaltet, hineinbegeben und mich darin geübt – ganz in der Neutralität meins Selbst.

Ich bin zutiefst dankbar für alle diese Erfahrungen und sehe heute auch noch andere Erfahrungswerte darin. Ein ganz wichtiger Aspekt war und ist, dass ich über die Erfahrung Geist-Chirurgie in meiner Seele und in meinem Urvertrauen sehr tief berührt wurde. Ich habe mich noch tiefer in meiner Seele erfahren und folge meiner Wahrnehmung. Jeden Weg, den wir gehen, führt uns immer mehr in unsere eigene innere Wahrheit und somit in unser göttliches Selbst – in die Liebe unseres Seelendaseins – zu Gott und Göttin in uns. Die Zeit spielt dabei keine Rolle – denn die Seele, sie weiss.

Autorin:
Susanne Schiesser, Altweg 16, 8500 Frauenfeld
e-mail: info@suschi.ch, www.suschi.ch

Aus der Kraft des Herzens

Psychosynthese als Heilungsmodell der Zukunft

Die Zeit ist reif für ein radikales Umdenken: Statt verschiedene Heilbereiche und Heilmethoden gegeneinander auszuspielen, brauchen wir Modelle, in denen die unterschiedlichsten Ansätze Platz haben. Dies setzt eine ganzheitliche Betrachtung des Menschen voraus, sowie die Bereitschaft, immerzu Neues zu lernen. Genau das liegt im Wesen der Psychosynthese, erklärt Gerhard Schobel in seinem Beitrag. Deshalb sei es an der Zeit, dass dieses Modell, das im angelsächsischen Raum längst zu den wichtigen Therapiemodellen gehört, auch in der Schweiz weiter Fuss fasst.

Stellen Sie sich vor, ihr Lieblingsbaum im Garten kränkle und trage kaum mehr Früchte. Sie bitten die vier besten Gärtner der Gegend um Rat. Der erste Gärtner kommt zum Schluss, der Baum brauche mehr Mineralstoffe und düngt den Boden.

Der zweite Gärtner ortet das Problem im Wuchs des Baumes und schneidet den Baum in Form.

Der dritte Gärtner richtet seine Aufmerksamkeit auf das Wetter und kommt zum Schluss, der trockene Sommer sei schuld.

Der vierte Gärtner schaut die Geschichte des Baumes an, fragt nach dessen Alter, ob der Baum von selbst hier gewachsen ist oder ob er gepflanzt wurde. Er untersucht, was seine Bedürfnisse an Boden, Klima und so weiter sind. Wie ist der Baum mit dem Boden verbunden, welche anderen Pflanzen wachsen in seiner Nähe? Auf der Basis all dieser Informationen wird der Gärtner einen Plan erstellen, um den Baum in seinem Wachstum zu unterstützen.

Erlösung aus dem Spagat

Als ich vor dreissig Jahren mit meiner Arbeit in der Psychiatrie anfing, war ich beeindruckt von den Möglichkeiten der Medizin und der Pharmakologie. Ich bin es heute noch.

Gleichzeitig beschäftigte ich mich auch mit Schamanismus und alternativen Heilmethoden, die für mich ebenfalls wichtig waren. Beide Bereiche schienen mir in sich völlig stimmig. Die Schwierigkeit bestand darin, dass es einen regelrechten mentalen Spagat erforderte, diese beiden so gegensätzlichen Pole in meiner Wahrnehmung zu halten.

Dann stiess ich auf die Psychosynthese – ein Konzept, welches die verschiedenen Bereiche des Heilens miteinander verbindet. Die Psychosynthese wurde ab 1911 vom italienischen Psychoanalytiker Dr. Roberto Assagioli entwickelt. Sie basiert auf den drei Pfeilern Medizin, Pädagogik und Spiritualität.

«Psychosynthese ist keine Doktrin und keine Schule der Psychologie; es ist keine spezielle Einzelmethode der Selbstverwirklichung, Therapie oder Erziehung (…) Es gibt kein konventionelles oder orthodoxes Denken in der Psychosynthese. Und niemand, beginnend bei mir selbst, sollte als deren exklusiver oder repräsentativer Führer angesehen werden», schrieb Assagioli.

Die Psychosynthese ist eine Haltung. Assagioli wollte, dass sie sich weiter entwickelt und somit offen bleibt für neue Erkenntnisse – aus welchem Bereich auch immer! Natürlich nur, solange diese Erweiterungen ins Menschenmodell der Psychosynthese passen. (siehe Kasten).

Mit dem Herzen eines Kriegers

Wie der vierte Gärtner versucht auch die Psychosynthese, den Menschen in seiner Ganzheit zu erfassen. Heilung wird möglich, wenn wir uns in unserer Gesamtheit im Zusammenspiel mit den verschiedenen Ebenen des Bewusstseins wahrnehmen und entsprechend handeln. Dafür müssen wir aus unserer Mitte, aus unserer Herzenskraft heraus leben.

«Um uns zutiefst zu öffnen, wie es ein echtes spirituelles Leben erfordert, brauchen wir ungeheuer viel Mut und Kraft – eine Art Kampfgeist. Der Ort, wo sich diese Kraft des Kriegers entfaltet, ist das Herz. (…) Wir brauchen das Herz eines Kriegers, damit wir uns unserem Leben unmittelbar stellen und uns direkt mit unseren Schmerzen und Grenzen, unseren Freuden und Möglichkeiten befassen können. Dieser Mut macht es möglich, jeden Aspekt des Lebens in unsere spirituelle Praxis mit einzubeziehen: Unseren Körper, unsere Familie, unsere Gesellschaft, Politik, Ökologie, Kunst, Erziehung, Ausbildung. Nur so können wir Spiritualität wirklich in unser Leben integrieren.» Dies sagt Jack Kornfield, der bekannte amerikanische Buddhist und Autor.

Und genau dies strebt die Psychosynthese an! Ein Leben aus der Kraft des Herzens heisst nicht etwa, dass wir immerzu lächelnd und ein paar Zentimeter über dem Boden schwebend durchs Leben gehen, sondern im Gegenteil: Wenn wir den Mut haben, Kopf und Herz zu verbinden, können wir uns dem Leben bewusst stellen und uns auf alle damit verbundenen Erfahrungen einlassen.

Wir sind sowohl Gärtner als auch Baum

Wenn wir uns bewusst auf unsere Mitte, also unsere Herzenskraft, besinnen, werden wir den Menschen und auch uns selbst mit Liebe und Mitgefühl begegnen. Wenn wir als Heilberufler aus dem Verständnis heraus handeln, dass Heilender und Patient zwei Seelen auf einer Reise sind, werden wir unser Gegenüber besser in seiner eigenen Kraft aktivieren können. Wir werden ihm als gleichberechtigtes Wesen gegenüber stehen. Wir werden gemeinsam den Weg der Heilung gehen, unser Gegenüber respektieren, verstehen und mit ihm zusammen neue Wege und Möglichkeiten der Heilung entdecken. Es ist diese tiefe Herz zu Herz-Verbindung, die Heilung möglich macht.

Wer sich mit Psychosynthese befasst, wird rasch merken, dass das Modell Erkenntnisse sowohl aus der klassischen Psychologie als auch aus den Weisheitslehren der ganzen Welt aufgenommen hat. Ob Kabbala, Buddhismus, Schamanismus oder Huna – sie alle finden ihre Entsprechungen im Modell der Psychosynthese.

In der Psychosynthese wird zur Erforschung des Unbewussten mit einer Vielzahl von Methoden und Techniken gearbeitet, die auch aus den klassischen Therapieformen bekannt sind, z.B. Gesprächstherapie, Imagination, Tagtraumtechniken, kreativer Ausdruck, Meditation, Körperarbeit und so weiter.

Die Psychosynthese setzt viele aktive psychologische Techniken ein, die zuerst auf die Entwicklung und Vervollkommnung der Persönlichkeit zielen und dann auf eine harmonische Koordination und zunehmende Vereinigung mit dem Selbst.

Je nach Tätigkeitsfeld, in dem sie eingesetzt wird, und den verschiedenen Zwecken, denen sie dienen soll, kann Psychosynthese folgendes sein:
1. Eine Methode seelischer Entwicklung und der Selbstverwirklichung, eine Behandlungsmethode für psychische und psychosomatische Störungen
2. eine Methode ganzheitlicher Erziehung, die dem Kind (und dem Erwachsenen) hilft, seine Fähigkeiten und seine wahre geistige Natur zu entwickeln
3. ein individueller Ausdruck eines umfassenderen Prinzips interindividueller und kosmischer Synthese.

Menschen, welche den Weg der Psychosynthese gehen, und sei es auch zeitlich sehr begrenzt, beschreiben ihre Erfahrungen immer wieder als aussergewöhnlich, befreiend, Lebendigkeit und Lebensfreude fördernd. Es ist ein positivistischer Ansatz, der die Schwächen sieht und heilt, aber den Fokus auf die Förderung der Stärken und des Potentials lenkt.

Das Menschenmodell der Psychosynthese

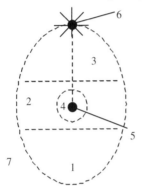

1. Unteres Unbewusstes
2. Mittleres Unbewusstes
3. Höheres Unbewusstes
4. Bewusstseinsfeld
5. Personales Selbst oder Ich
6. Höheres Selbst oder Selbst
7. Kollektives Unbewusstes

Das untere Unbewusste
entspricht dem Unterbewussten der traditionellen Psychologie und umfasst die elementaren physiologischen Lebensvorgänge, die Koordination unseres Körpers, die grundlegenden Triebe, die primitiven Impulse, die unbewussten Erinnerungen früherer positiver und negativer Erfahrungen, sowie verschiedene pathologische Manifestationen.

Das mittlere Unbewusste
symbolisiert die Ebene, die unserem Wachbewusstsein potentiell bewusst ist. Freud nannte diesen Bereich den Vorhof des Bewusstseins. Es ist der Raum, in dem eine Art psychischer Vorbereitung und/oder Integration von Erfahrenem stattfindet.

Das höhere Unbewusste
ist bisher nur in der Psychosynthese begrifflich ausführlich erfasst. Es ist das Zuhause unserer höheren Bestrebungen und Intuitionen, der höheren, aber oft latenten und unbewussten psychischen Funktionen und geistigen Energien. Es ist die Quelle des Genies und der Zustände der Kontemplation, Erleuchtung und Ekstase. Vom höheren Unbewussten kommen die Impulse und Energien, welche die Entwicklung des Einzelnen und der Menschheit insgesamt formen.

Das Bewusstseinsfeld
spiegelt die von uns im Moment bewusst wahrgenommenen Inhalte unseres Bewusstseins. Diesen Bereich erfahren wir unmittelbar über unsere Sinne. Hier nehmen wir den „unendlichen Strom des Bewusstseins" in Form von Bildern, Gedanken, Impulsen, Gefühlen, Empfindungen und Wünschen wahr. In diesem Bereich bewerten, analysieren und beobachten wir andauernd.

Das Ich oder personale Selbst
ist das Zentrum unseres Bewusstseins, der Punkt reiner Selbstbewusstheit. Es ist der Ort des „Ich bin", der Sitz unseres wahren Willens, der uns die Freiheit gibt zu entscheiden, mit welchen psychischen Inhalten (Gefühlen, Gedanken, Glaubenssätzen, Motiven, Impulsen etc.) wir uns identifizieren oder von welchen wir uns abwenden wollen. (Zentrierung)

Das höhere oder transpersonale Selbst
ist der Punkt unseres eigentlichen Seins. Es ist unsere geistige Quelle, die uns „Eins-Sein" erleben lässt. Der Stern – zur Hälfte im Ei-Diagramm, zur Hälfte ausserhalb gezeichnet – symbolisiert auf diese Weise die universale und individuelle Natur des Menschen.

Das kollektive Unbewusste:
Als Menschen sind wir in Verbindung mit unserer Mitwelt. Die äussere Linie im Ei-Diagramm symbolisiert eine Abgrenzung, aber keine Trennung, sie kann vielmehr als eine Membran verstanden werden, die uns in einem Prozess der „psychologischen Osmose", in einem ständigen Austausch mit der Mitwelt hält. Es ist im Wesentlichen dem „kollektiven Unbewussten" von C. G. Jung ähnlich, wobei wir im Gegensatz zu Jung auch im kollektiven Unbewussten eine klare Unterscheidung der verschiedenen Dimensionen treffen.

Sämtliche Linien sind bewusst durchbrochen, um aufzuzeigen, dass es keine wirkliche Trennung gibt, sondern alle Übergänge fliessend sind.

Literaturhinweise
Werde was Du bist, Piero Ferrucci
Handbuch der Psychosynthese, Roberto Assagioli
Psychosynthese und transpersonale Entwicklung, Roberto Assagioli,
Die Schulung des Willens, Roberto Assagioli

Autor: Gerhard Schobel, aeon, Dornacherstrasse 101, 4053 Basel
e-mail: gschobel@aeon.ch, www.aeon.ch

Karma – Was man sät, das erntet man.

Was ist Karma?

Das Wort Karma kommt aus dem Sanskrit und bedeutet „pali", das so gut heisst wie, dass jede Handlung (aktiv ausgeführt oder geistig gedacht) ein „Wirken" mit sich bringt. Dieses Wirken kann sich sofort, aber auch erst in einem späteren Leben zeigen.

Karma bedeutet demnach nicht vorbestimmtes Schicksal, sondern das Zusammenwirken von Ursache und Wirkung. Wir säen also selber die Samen für unsere Zukunft. Sei es hin zu Glückserfahrungen oder eben Erfahrungen, die auch schon mal mit Schmerz und Leid zu tun haben.

Es können unter Umständen weit zurückliegende karmische Belastungen sein, die sich ans Licht drängen, um aufgelöst zu werden.

Es gibt aber auch positives Karma. Der Mensch kann sich dessen bereits bewusst sein und lebt es aktiv in seinem Leben, oder aber er ist sich dessen noch nicht bewusst und macht sich auf eine Ergründungsreise, um diese konstruktive Kraft allmählich in sein Leben zu integrieren.

Karma ist nicht da, um zu leiden. Es darf erlebt und verarbeitet werden. Es sind unsere Bewertungen von Gut und Böse, Glück und Trauer, die Leiden schaffen.

Es geht vielmehr um die Liebe, um die fühlbare und erlebbare Liebe, die sich hinter dem Thema zeigt. So ist es die Liebe, und nur die Liebe, die das menschliche Karma aufzulösen vermag. Wenn man Liebe in alles hineingibt, kann die Erlösung eingeleitet werden.

Ob hilfreiches oder hemmendes Karma: Karma ist der Weg in die Eigenverantwortung, mit dem tiefen Erkennen, dass jeder für sein eigenes Leben verantwortlich ist, der Mensch seine eigenen Schöpfungen kreiert und er einen freien Willen besitzt, Dinge zu tun oder sie zu unterlassen.

Die Einsicht zu erlangen, dass alles was war, ist und sein wird, sich nach dem Prinzip des Ausgleiches, des Gleichgewichts und der Harmonie ausrichtet.

Wie kann Karma gelöst werden

Karma kann gelöst werden durch Bewusstwerdung und durch die tiefe Betrachtung des Themas in Liebe und in der Vergebungsarbeit. Es ist eine Erkenntnis -und Bewusstseinsarbeit, die unter Umständen intensiv ist, Kraft und Mühe kostet. Dies kann, muss aber nicht der Fall sein, da wir Menschen durch die geistigen, lichtvollen Ebenen auch Gnade erfahren können. So kann es auch sein, dass ein Thema, das mit Karma besetzt ist, sehr leicht gelöst werden kann. Immer davon ausgegangen, dass dies von der geistigen Welt so angedacht ist.

Mit Hilfe der Klärungsarbeit:
Es gibt in der Beratung die Möglichkeit der Klärungsarbeit. Der Klient erhält die Möglichkeit, in einem geschützten und für ihn bereitgestellten Raum sich in seinen noch ungelösten Themen zu begreifen und in seinem Tempo Schritt um Schritt eine Klärung heranzuziehen.

Mit Hilfe einer Rückführung:
Der Klient wird liebevoll und gut behütet in seine vergangenen Leben geführt und durch den Prozess begleitet. Es ist ein gemeinsames Verweilen in der jeweiligen karmischen Situation. Das Thema kann unter Umständen schmerzlich nochmals erfühlt und erlebt werden und es ist das Erkennen der Tragweite des Themas. In einem nächsten Schritt kann der Klient durch die lichtvollen Helfer an die Erlösung herangeführt werden, wenn er bereit ist, das Thema in Liebe und in der Vergebungsarbeit loszulassen bzw. freizusetzen.

Mit Hilfe der Meditation:
Auch Mittels Meditation oder einer geführten Meditation kann der Prozess zur Auflösung von Karma möglich werden. Es benötigt die tiefe Bereitschaft, wirklich „Altes" in Liebe loszulassen und allen Beteiligten das Beste zu wünschen und sie in bedingungsloser Liebe freizugeben, ihnen zu vergeben, wie auch all dies für sich selber.
Es ist wiederum die Liebe, die Heilung bringen kann, indem liebend alles betrachtet wird was war, ist und sein wird. Erst dann ist es den Karmahütern möglich, den Prozess sinngemäss zu begleiten, Loslösungen vorzunehmen und dies wohlverstanden immer nach dem universellen Gesetz der Einheit.

Schlafphase:
Der Schlaf dient nicht nur zur Erholung vom vergangenen Alltagsgeschehen, sondern im Schlaf können Menschen, wenn sie klar darum bitten, auf geistiger Ebene geschult und an Erkenntnisse herangeführt werden. Dies kann auch im Bereich der Karmabearbeitung sehr hilfreich sein. Es braucht aber die klare Intension des Menschen, sich wirklich liebend an der Auflösung eines Themas zum Wohle aller Beteiligten einzusetzen. So können im nächtlichen Schlaf von den geistigen Ebenen aus weitere Schritte aufgezeigt werden, die der Mensch in sein Tagesbewusstsein mitnehmen und ihn zu einer konstruktiven Lösung heranführen kann.

Es seien hier an dieser Stelle ein paar Möglichkeiten aufgeführt. Klar ist, dass es noch viele weitere Möglichkeiten gibt. Grundsätzlich kann an jedem Ort, zu jeder Zeit, ob alleine oder in Gesellschaft eine Heilung von Karma erfolgen, wenn dies aus Sicht der geistigen Welt der richtige Zeitpunkt ist.

Heilung des Karmas ist, wie auch für alles andere, eine göttliche Gnade, die den Menschen zuteil wird. Auf welchem Weg auch immer.

Lohnt sich die Arbeit?

Ja, die Arbeit lohnt sich immer, denn der Mensch erlöst nicht nur für sich alleine von seinem Karma. Das Ereignis kann weitreichende Bedeutung haben. Nicht selten kann es vorkommen, dass durch die Auflösung von Karma einer anderen Seele dadurch ermöglicht wird, in eine andere Sphäre zu wechseln, in der sie grosse Fortschritte machen kann und dieser Seele dadurch etliche Inkarnationen erspart bleiben. Oder aber die Heilung wirkt sich positiv auf all jene inkarnierten Menschen aus, die ebenfalls mit ähnlicher Resonanz mit diesem Thema konfrontiert sind und denen dadurch der Schritt zur eigenen Heilung leichter fallen kann.

Es ist für den Menschen in der irdischen Inkarnation nicht allumfassend zu begreifen, welch wunderbarer Dienst er durch die eigene Heilung eines karmabesetzten Themas, zum Wohle Aller, in Gang setzt. Alles ist mit Allem verbunden und dort wo ein weiterer Schritt in Richtung Liebe und Licht vollzogen werden kann, entsteht an vielen Orten ein neuer Raum, indem sich das Liebeslicht einschwingen kann.

Was kann eine Erlösung von Karma bewirken?

Der Mensch kann stabiler, ausgeglichener werden und in seinem Inneren mehr Frieden erfahren. Er kann immer vertiefter den Sinn seines Lebens erkennen und Talente und göttliche Fähigkeiten können ans Licht kommen, die er vorher hinter dem Schleier des Karmas nicht sehen und nicht wahrnehmen konnte.

Und es bringt den Menschen tiefer in sein wahres „Sein" und in die Selbstliebe. Denn nur wer sich selbst kennt, ist wirklich in der Lage, sich selbst zu lieben, anzunehmen und Liebe für jeden und alles zu empfinden.

Hinein in die neue Zeit

Es ist ein Prozess des liebenden Schauens auf das Gewesene und ein Prozess der Vergebung und des Freisetzens. Die Neue Zeit bedeutet, dass der Mensch die Möglichkeit hat sich zu entscheiden, wie er weiterleben möchte: In einer dualen Welt oder in einer Welt, wo er sich als EINS erfasst mit allem was ist. Wo es um das friedvolle miteinander geht, denn „ich bin du und du bist ich" und „was ich dir tue, das tue ich mir".

Die Trennung von Himmel und Erde, ja von allen dualen Strukturen, wird aufgehoben. Und der Mensch darf erkennen, dass er weit mehr ist. Es ist ein Weg hin zum Licht der Liebe. Und dieses Liebeslicht wünsche ich Ihnen von Herzen.

Autorin:
Rebecca Thürig, Hafenstrasse 50B, 8280 Kreuzlingen
e-mail: thuba@gmx.ch, www.in-der-einheit.com

Eine schamanische Reise

Bruder Niklaus ist damit beschäftigt, ein Feuer zu unterhalten. Ich helfe ihm dabei und reiche ihm Äste und Zweige. Plötzlich bemerke ich, dass Atru dicht hinter mir steht. Er fliesst in mich hinein und ich werde selbst zum Indianer. Ich halte in der einen Hand einen Pfeilbogen, in der anderen ein totes Kaninchen. Ich weiss, dass ich es selber getötet habe; denn ich erinnere mich an die intensiven Wahrnehmungen während der Jagd. Doch jetzt, während ich das Kaninchen zerlege, damit wir es am Feuer braten können, bin ich beschämt und traurig.

Atru und Bruder Klaus beobachten mich aufmerksam. Einer sagt: Wenn du essen willst musst du auch töten. Ich finde das Scheisse. Das ganze Leben ist Scheisse, wenn der Tod so direkt dazugehört und ich mich am Töten beteiligen muss. Ich weiss ja, dass das Kaninchen sich für uns „geopfert" hat; aber das löst meinen Frust nicht.

Bruder Klaus fragt mich: „Bist du auch bereit, dich für jemanden zu opfern?" Ich weiss es nicht.

Atru reicht mir ein Stück gebratenes Kaninchen und es schmeckt köstlich. Ich geniesse es, bis ich mich wieder daran erinnere, dass ich es getötet habe. Erneut meldet sich das schlechte Gewissen. Bruder Klaus fordert mich auf, genau hinzusehen, und ich merke, dass das Gefühl des schlechten Gewissens eigentlich Selbstmitleid ist. Dann schaltet sich mein Denken ein und beginnt zu argumentieren und zu rechtfertigen: So ist die Welt. Der eine lebt vom anderen, usw.

Bruder Niklaus zwingt mich dazu, genau hinzusehen, was geschieht, und ich erkenne: wenn ich in die Vergangenheit blicke sehe ich meine Emotionen (vor allem das Leiden) - wenn ich in die Zukunft blicke, versuche ich Strategien zu entwickeln, um das Leiden zu vermeiden - wenn ich ganz im Hier und Jetzt bin, spüre ich mich und die Umgebung, tauche ich ganz ein ins Leben und werde eins mit ihm. Atru und Bruder Niklaus fordern mich auf „einzutauchen" - in einen Teich, der plötzlich da ist. Ich tu's und habe das Gefühl „mich" zu verlieren, obwohl meine Wahrnehmung ganz klar ist. Jedes Mal wenn ich versuche, „mich" in diesem Wahrnehmen wiederzufinden, entgleitet mir die klare Wahrnehmung des Erlebens. Diese „Ich-Suche" ist sehr anstrengend - ganz im Gegensatz zu dem „Einfach im Erleben sein".

Ich bemerke, dass ich immer tiefer absinke und ertrinken werde. Soll ich mich jetzt dem Ertrinken hingeben? Es fühlt sich an, als wäre dies ganz einfach. Soll ich mich jetzt opfern? Doch wem würde dieses Opfer nutzen? Es ist niemand da ausser mir. Ich entscheide mich fürs Leben, tauche auf und schüttle übermütig meinen nackten Körper, so dass tausende silbern glänzender Wassertropfen durch die Luft wirbeln.

Atru und Bruder Niklaus schauen sehr feierlich aus. Sie kleiden mich in eine wie mir scheint kostbare Robe. Es ist ein blauer, weiter Kapuzenumhang. Mir ist das ziemlich peinlich und ich versuche zu argumentieren, dass ich nicht das sei, was diese Robe darstellt. Die zwei lassen sich aber nicht beirren. Bruder Niklaus sagt: „Man kann sich verwandeln", setzt mir einen hohen Hut auf und drückt mir einen Zauberstab in die Hand. Dann treten sie zurück und bedeuten mir: „Nun mach mal"! Langsam überkommt mich eine kindliche Lust, meine neue Macht auszuprobieren. Ohne zu wissen, was passieren wird, strecke ich den Zauberstab gegen einen grossen Baum, der sofort in Flammen steht. Ich bin einerseits fasziniert und andererseits beschämt über das, was ich bewirkt habe. Atru und Bruder Klaus schütteln den Kopf, nehmen mir den Zauberstab aus der Hand und löschen den Brand. Bruder Niklaus sagt: „Man kann sich verwandeln, aber man muss wissen, was man tut!"

Alltägliche und nicht-alltägliche Wirklichkeiten

Als Kind war ich in zwei sehr unterschiedlichen Welten zuhause. Da gab es auf der einen Seite die geordnete Welt der Grossen, die Welt der Vorschriften und Regeln, die Welt in der ich „gut" sein musste, um geliebt zu werden. Auf der anderen Seite war da „meine" Welt, die Welt der Zwerge, Feen, Elfen und Zauberer, eine Welt voller Überraschungen und Wunder, eine Welt, in der ich mich in alles und jedes verwandeln konnte und dabei immer von Freunden umgeben war, die mir zur Seite standen wenn ich Hilfe brauchte. Beide dieser Welten hatten für mich denselben Realitätswert. Doch ich brauchte nicht lange um zu merken, dass die Grossen dies anders sahen und dass es für mich besser war, die eine Welt von der anderen getrennt und vor allem geheim zu halten.

Mit dem Älterwerden begann ich mich selbst von der sogenannten Phantasie- und Märchenwelt abzugrenzen. Ich wollte auch zu den Grossen gehören. Wer ausser den kleinen Kindern glaubt denn schon an den Nikolaus!
Die Welt der Zwerge und Elfen, der sprechenden Tiere und Pflanzen begann zu verblassen. Wenn jetzt eine Gestalt vor meinem inneren Auge erschien und mit mir sprechen wollte, beschlich mich die angstvolle Frage, ob ich wohl ganz normal sei.
Meine Neugierde und mein Interesse verlagerten sich jetzt auf die mit den normalen Sinnen erfahrbare Welt im Allgemeinen und auf die Menschen im Besonderen.

Durch meine Tätigkeit als Lehrerin begann ich mich für die Psychologie zu interessieren. Nach einer Operation mit anschliessendem viermonatigem Erholungsurlaub wandte ich mich dem Thema Spiritualität zu. Eines der Bücher, die ich zu dieser Zeit verschlang, war das Tao der Physik von Fritjof Capra. Ich befand mich damals in einem - wie ich heute sagen würde - nichtalltäglichen Bewusstseinszustand, in dem alles, was ich erlebte und tat, eine tiefere und intensivere Bedeutung hatte. Capras Buch rief in mir alte Erinnerungen wach an eine Welt jenseits der Alltagswelt.
Wenn das Wissen über die Dinge sich vorher oft selbst genügt hatte, so wollte es jetzt angewandt werden. Einem Impuls folgend meldete ich mich auf eine Ausschreibung zu einer Einführung in den Schamanismus. Abgesehen davon, dass ich mit zwanzig Jahren Carlos Castanedas Bücher über die Lehren des Don Juan Matus verschlungen (doch nicht verstanden) hatte, war ich in Sachen Schamanismus völlig ahnungslos. Bereits beim Anfangsritual des Trommelns und Rasselns fühlte ich, dass ich nachhause zurückgekehrt war. Das war meine Welt. Hier kannte ich mich aus.
Immer wieder habe ich seither bei vielen Seminarteilnehmerinnen und -teilnehmern meiner Kurse erlebt, dass sie genau dasselbe Gefühl des Nachhause Kommens erfahren wie ich damals. Etwas in uns Menschen scheint sich an eine ursprüngliche und direkte Beziehung zur Welt, zum Leben, zu den Mitlebewesen und zu den Kräften die die Welt gestalten zu erinnern und sich danach zu sehnen, mit ihnen zu kommunizieren.
Auch meine früheren Ängste dem Nicht-Fassbaren gegenüber begegnen mir bei den Kursteilnehmenden wieder. Doch wie ich findet ein Jeder und eine Jede die nötige Sicherheit und Bodenhaftung im schamanischen Ordnungssystem, das unsere Ahnen uns hinterlassen haben.

Und was ist nun eigentlich Schamanismus?
Ursprünglich hatte ich vor, hier eine intellektuelle Abhandlung zu diesem Thema zu schreiben; doch die Kräfte aus der nicht-

alltäglichen Wirklichkeit (wie Atru und Bruder Niklaus im ersten Abschnitt dieses Beitrags) haben mir einen Strich durch die Rechnung gemacht. Schamanismus lässt sich durch Erklärungen nicht vermitteln. Er muss erfahren werden. Doch eines kann ich aus meinem Erleben mit indigenen Schamanen und aus meiner eigenen schamanischen Tätigkeit sagen: Der Schamanismus birgt ein grosses heilendes Potential, wenn wir uns ihm öffnen können. Dazu möchte ich noch einmal aus einer schamanischen Reise erzählen. Es ist eine Reise aus einer anderen Zeit.

Eine schamanische Heilgeschichte
Heute Morgen auf der Wanderung habe ich einen Stein gefunden, der mich angesprochen hat. Ich durfte ihn mitnehmen. Er ist dunkel und für seine Grösse erstaunlich schwer. Ich wusste, dass ich eine schamanische Reise zu ihm machen musste:
Ich halte den Stein in meinen Händen und erwarte, dass er mit mir zu sprechen beginnt. Doch stattdessen befällt mich das Gefühl, in Gefahr zu sein. Also lege ich den Stein zur Seite und mache mich erst mal auf die Suche nach meinen Begleitern in der nicht-alltäglichen Wirklichkeit. Doch jeder, dem ich begegne, schüttelt den Kopf und winkt ab. Plötzlich stehe ich unten auf dem Heilplatz und Bruder Niklaus steht von seinem Platz am Steintisch auf. Ich bin erstaunt und es freut mich sehr; denn das hat er bis jetzt noch nie gemacht. Ich konnte schon froh sein, wenn er mal von seinem Buch aufblickte, um mir eine Frage zu beantworten.
Nun, er führte mich ohne lange Umstände in eine finstere Höhle. Hinten brannte ein Feuer, und ringsherum sassen finstere Gestalten, nur mit einigen Fellfetzen bekleidet. Einer hob eine Art Holzspeer und spiesste etwas Lebendiges auf. Ich hatte Angst, entdeckt zu werden, aber Bruder Niklaus beruhigte mich: „Wir sind für sie unsichtbar." Dann sprach er weiter: „Es kann gefährlich sein, nicht zu wissen! Sie hier sind nicht böse. Sie haben bloss kein Wissen. Es ist gefährlich, nicht zu wissen was man tut." Dann zog er mich dem Ausgang zu ins Freie. Dort setzte er sich wieder an den Tisch und zeigte auf meinen Stein, der dort lag.
„Wisse, dieser Stein ist konzentrierte Energie. Ihr Menschen seht nur den Stein. Ihr nehmt die Kraft nicht wahr, die ihn gebildet hat und die in ihm wirkt. Wenn sich diese Kraft wieder befreit und in Bewegung kommt, dann erschreckt ihr und wisst nicht, was da mit euch geschieht.
Alle Dinge, auch ihr selbst, sind wie dieser Stein - komprimierte Energie, abgekapselte Energie, die immer noch mehr Energie anziehen will, mehr sein will, mehr haben will…"
Ich: „Ist das auch so mit dem Tumor in meinem Kopf?"
Bruder Niklaus: „Ja."

Ich: „Aber wenn ich diese Energie befreien will, dann müsste ich ja die Kapsel entfernen. Besteht da nicht die Gefahr, dass sich die Energie des Tumors in meinem ganzen Körper ausdehnen wird?"
Bruder Niklaus: „Du musst weder den Tumor noch die Kapsel entfernen. Du musst die Energie erkennen, die den Tumor erschaffen hat und in ihm wirkt. Dann führst du ihm einfach keine weitere Energie mehr zu. Das ist alles."
Mir schien, dass Bruder Niklaus das Interesse an unserem Gespräch allmählich verlor. Ich hatte Angst, dass er im nächsten Augenblick wieder seine Nase ins Buch stecken würde. Deshalb stellte ich ihm rasch eine weitere Frage: „Aber ich weiss doch nicht, was das für eine Energie ist. Wie kann ich das herausfinden?"
Er musste wohl meine Verzweiflung gespürt haben, denn er schaute mich wieder an und sagte: „Ich, ich, ich…mein, mein, mein…" Dann zeigte er auf den Stein vor uns auf dem Tisch: „Ihr seht immer nur den Stein. Schau genauer hin!"
Ich schaute und sah plötzlich die Energie, die in den Stein hinein- und herausfloss. Diese Energie war unbegrenzt. Sie war unendlich. Und ich verstand.
Zum ersten Mal zuckte etwas wie ein Lächeln über das Gesicht von Bruder Niklaus: „Ihr müsst einfach nur die andere Richtung wahrnehmen. Lerne auch zu geben, zu teilen, statt dich bloss aufs Nehmen auszurichten. Die Energie des Steins in Deinem Kopf heisst *Ich will haben*. Lerne die Energie *Ich will teilen* kennen!"
Plötzlich wurde mir klar, für welchen Bereich Bruder Klaus als mein Begleiter in der Anderswelt zuständig war. Eigentlich hätte ich es schon längst wissen müssen, war er doch dazumal in der alltäglichen Wirklichkeit der Initiant der „Kappeler Milchsuppe". Er hatte einen Krieg nur dadurch beendet, indem er die feindlichen Lager dazu gebracht hatte, eine Mahlzeit zu teilen.

Anmerkung:
Schamanische Heilreisen und Rituale sind immer bezogen auf eine bestimmte Person, eine bestimmte Gruppe und/oder eine bestimmte Situation sowie auf die Absicht der schamanisch Tätigen und deren Klienten. Die Erkenntnisse der hier geschilderten schamanischen Reisen lassen sich deshalb nicht ohne weiteres auf andere Personen in ähnlichen Situationen übertragen.

Autorin:
Renate Urfer Thomet, 3625 Heiligenschwendi
E-Mail: cholere@bluewin.ch, www.cholere.ch

Die Kraft unserer Mutter Erde mit ihren wertvollen Mineralien

Die Edelsteine mit ihren Wirkungen und Kräften gewinnen in unserer Zeit immer mehr an Aufmerksamkeit.

Entstehung der Edelsteine
Man geht heute davon aus, dass vor 4.7 Milliarden Jahren die glühenden Massen von drei Planeten zusammen stiessen. Daraus bildete sich unsere Erde Die Masse kühlte über 400 Millionen Jahre ab. Auf ihrer Oberfläche fielen die Temperaturen unter 3100 Grad und so entstand die erste Erdkruste und Zirkon. Zirkon kristallisiert bei Temperaturen unter 3080 Grad und ist dann praktisch nicht mehr zerstörbar. Er ist somit der älteste Stein auf der Erde und übersteht jede Umwandlung in unserer Erdkruste, wie die Bildung der Alpen oder des Himalajas.
Im Verlaufe weiterer 4 Milliarden Jahre hat sich die Erde so weit abgekühlt, dass die Erdkruste auf eine Dicke von 60 bis 100 km Dicke angewachsen ist. Dabei entstanden weit über 4000 verschiedene Mineralien und diese bilden unsere Edelsteine.

Wirkungsweise der Edelsteine
Edelsteine senden spezifische Klangschwingungen und Strahlungen aus. In jedem Stein entsteht so ein einzigartiges elektromagnetisches Frequenzspektrum, indem aufgenommene Strahlung umgewandelt wird. Durch die Klangschwingung resultiert wiederum eine Eigenschwingung der Mineralien.
Jeder Stein verbreitet so seinen „Energetischen-Fingerabdruck".
Diese positiven Strahlen und die Klangschwingungen wirken auf Menschen, Tiere, Pflanzen und andere Trägermedien, z.Bsp. Wasser. Je nachdem welche innere Resonanz wir zu diesen Informationen

oder Schwingungen haben, können diese auf körperlicher, seelischer, mentaler und geistiger Ebene ihre Wirkungen zeigen.

Anders erklärt, die Strahlung die ausgesendet wird gleicht einem PC-Programm, es enthält alle Daten des Steines: die Art der Entstehung, die Kristallstruktur, die chemischen Verbindungen, die enthaltenen Mineralstoffe, elektrische und physikalische Eigenschaften, Farbe, Härte und Dichte, sowie die aufgenommenen fremden Frequenzen. Dieses Gesamtpaket an Informationen tritt in Resonanz mit dem Menschen mit seinen körperlichen, psychischen und seelischen Eigenschaften.

Es ist wissenschaftlich erwiesen, dass alleine durch das Auflegen der entsprechenden Steine Organe in wenigen Minuten ihre Funktion verbessern. Dies trifft auf unser Gehirn, Herz, Bauchspeicheldrüse usw. zu.

Professor Born erhielt 1954 den Nobelpreis, weil er die Dynamik der Kristallgitter mit ihren elektromagnetischen Energien nachzuweisen vermochte. Erst seit wir in unseren Uhrwerken Quarze (Kristalle) eingebaut haben, die eine unveränderliche Frequenz senden, laufen unsere Uhren Sekundengenau.

Edelsteine wirken auch als Förderer für verschiedene Stoffwechselabläufe im Körper. Es hat sich gezeigt, dass bei Mangelsymptomen nicht unbedingt zu wenig eines bestimmten Stoffes im Körper vorhanden ist, sondern dass der Körper diesen nicht genügend aufnimmt oder mangelhaft umwandelt. Edelsteine mit der passenden Frequenz können den Körper daran erinnern, dass er wieder vermehrt auf die fehlenden Stoffe zugreift oder diese richtig umwandelt.

Der Diamant, ein Tiefengestein mit Tiefenwirkung bedeutet, dass je tiefer in der Erdkruste ein Stein entstanden ist, unter hohem Druck und hoher Temperatur, desto tiefere Probleme in unserer Psyche vermag dieser Stein zu erreichen. Der Diamant entsteht bei 3000 Grad und einem Druck von 40'000 t bar. Dies entspricht dem Druck des Eifelturms auf den Kopf gestellt auf der Fläche von 1 x 1 cm.

Tigereisen entsteht ebenfalls unter extremen Bedingungen. Die Kontinentalplatten der Erde schwimmen auf der zähflüssigen Magma des Erdkerns. Das Grössenverhältnis entspricht einem Apfel und seiner Schale. Diese Platten verschieben sich täglich und so entstehen neue Edelsteine, hervorgerufen durch Reibung und enormen Druck. Dieser Prozess der Entstehung oder Metamorphen Gesteinsneubildung prägt den neuen Edelstein. Wenn ich in meinem Leben unter solch gefühltem hohem Druck stehe und sich alles um mich verändert, kann ein solcher „Krisen"-Stein mir ein wertvoller Begleiter sein, indem er mir hilft diese besser zu bewältigen.

Wenn man diese Zusammenhänge kennt, wird man nach dem homöopathischen Prinzip „ähnliches heilt ähnliches" körperliche, psychische oder seelische Probleme behandeln. Sodann kann die passende Schwingung eines Steines den Menschen wieder in seine Harmonie bringen oder seine Beschwerden lindern.

Anwendung der Edelsteine
Edelsteine sollen mit ihrer Schwingung in nahen Kontakt zum Menschen kommen, also getragen werden. Am einfachsten nimmt man ihn in die Hosentasche. Frauen können den Stein nahe am Herzen im BH tragen, dazu muss er hautverträglich sein. Bei körperlichen Beschwerden wie Zerrungen, Verspannungen, Bauchschmerzen, Leberbeschwerden, Gelenkschmerzen usw. empfiehlt es sich, die Steine direkt mittels eines Heftpflasters auf der Haut aufzukleben. Auch das Tragen an einer Kordel aus Leinen oder Leder ermöglicht dem Edelstein seine Kraft auf uns zu übertragen.
Wie oben erklärt übertragen die Edelsteine ihre Schwingungen auch auf Trägermedien. Somit kann man mit Steinen Wasser oder Oel sogenannt „informieren" und dann hat dieses Trägermedium die gleiche Wirkung wie der Stein selber. Das Wasser oder Elixier kann eingenommen werden und mit dem Oel kann mittels Massage die Wirkung in die Haut auf angenehme Art einmassiert werden.
Gute Erfolge erzielt man auch in einem Steinkreis, indem man mindestens vier Edelsteine am Boden verteilt, ausgerichtet nach den vier Himmelsrichtungen Danach kann man sich in die Mitte stellen, um die Energien zu spüren.

Die Edelsteinheilkunde wird seit mehr als 20 Jahren vor allem in Deutschland erforscht und getestet. Es gibt auch viele lehrreiche Bücher zu diesem Thema, die die analytische Edelsteinheilkunde erklären und mit vielen Anwendungsmöglichkeiten Rat geben können. Doch bei schwierigen Problemen und Beschwerden körperlicher, psychischer oder seelischer Art, empfiehlt es sich einen Edelsteintherapeuten zu konsultieren, der einen mit seinem Wissen begleiten kann.

Reinigen der Edelsteine
Wenn wir während einer Behandlung einen Edelstein am Körper tragen, lagern sich in den Zwischenräumen der Kristallgitter verschiedene von mir stammende Informationen ab. Z. Bsp. wenn mir ein Heliotrop geholfen hat meine Erkältung zu lindern, dann hat der Stein anfangs auch meine im Moment der Erkrankung disharmonische Schwingung aufgenommen und diese in sich gespeichert. So ist es wichtig, dass ich diesen Edelstein mindestens einmal wöchentlich reinige. Durch abspülen unter fließendem kaltem Wasser wird der Edelstein von diesen fremden Informationen gereinigt. Danach muss der Stein zwei Stunden an der Morgen- oder Abendsonne wieder mit Energie aufgeladen werden. Nur dann kann er mit seiner eigenen

Schwingung wieder seine Kraft übertragen. Als hilfreich erwiesen haben sich ebenfalls Amethysten-Drusenstücke. Hier kann jeder Edelstein (ausser Bernstein) gereinigt und aufgeladen werden, wenn man ihn über mind. 8 Std. darauf legt.

Bericht aus der Praxis von einer MS Patientin:
Ich leide an Multipler Sklerose MS in fortgeschrittenem Stadium. Mein grösstes Problem bildete der gelähmte Dickdarm. Ich konnte ihn nicht mehr willentlich entleeren. Der Stuhlgang musste immer mit medizinischen Mitteln ausgelöst werden. Sie haben mir den Alexandrit empfohlen. Dieser unscheinbare kleine Stein enthält u.a. Beryllium (ein Nervengift). Eingelegt in ein 30ml Schnapsglas voll Wasser überträgt der Edelstein seine Informationen (Gift wird dadurch nicht abgesondert!). Diese Menge trank ich einmal pro Tag. Die Schwingung des Steines wirkte auf die Nerven meines Darms. Nach kurzer Zeit konnte ich wieder auf natürlichem Weg meinen Darm entleeren. Es ist einfach herrlich, so ein Stück Gesundheit zurückgewonnen zu haben.

Wirkungsweise - ein Beispiel anhand des **Granat Peridodit**

Fundort Tessin Schweiz
2000 m.ü.M.

Psyche - der Granat-Peridodit:
• Fördert die Widerstandskraft
• Stärkt die Belastbarkeit
• Hilft mir in Notlagen
• Unterstützt mich in Krisen (Spannkraft)
• Weckt in mir den Sinn des Leben(das Überleben& Weiterleben)
• Macht mich standhaft
• Ich finde zu mir selbst
• Macht klar und entschlossen in Entscheidungen
• Macht mich sozial, (ich bleibe immer ich)
• Lässt Fremdbestimmung abgleiten
• Spannt mir die Brücken, um die Tagestiefs zu überwinden

Körper - der Granat-Peridodit:
• Unterstützt den Körper bei Stress (Chromdiopsid))
• Stärkt Galle, Leber und Immunsystem (Peridot)

- Regt die Nerven an
- Verhilft Muskeln, Bändern und Sehnen zu besserer Spannkraft (Peridot, Leber aktivierend)
- Regt den Kreislauf an (roter Granat)
- Verhilft u.a. im Sport meine Leistungen abzurufen (Spannkraft)
- Mildert den Stress von Körper und Geist
- Stärkt das Körperbewusstsein (Metamorphose)
- Hilft mich zu erden (Tiefengestein)

Diese Anwendungen können hilfreich sein.
Tragen während des Tages. Niemals in der Nacht. Da der Stein stark anregend wirken kann, findet man keine Entspannung im Schlaf.
Botschaft: In mir steckt die Spannkraft einer Schweizerarmbrust, um meine Ziele kraftvoll zu erreichen!
Besonderheiten: Sehr seltenes Vorkommen und schwierig zu finden. Entstanden in 120 km Tiefe im Erdinnern, bei 45'000 t bar Druck(hier entstehen in der Regel die Diamanten) Ein Tiefengestein wie es kein anderes gibt, denn es wurde in die Magma hinunter gepresst und gelangte in Millionen von Jahren an die Oberfläche. Nach Michael Gienger der Burn-Out Helfer Nr. 1.

Autor:
Bruno Vogler Pfeiffer, Dorfstrasse 22, 5025 Asp
e-mail: info@woherwohin.ch, www.woherwohin.ch
www.heilsteinschule.ch

Faszination Wiedergeburt

In den frühen Siebzigerjahren verschaffte ich mir als junge Frau nach der Mittelschule Einblick in die Welt der Medizin. Die Oberschwester eines kleineren Kantonsspitals hat mir damals ermöglicht, auf verschiedenen Krankenstationen mitzuhelfen. Ich wollte die Berufswahl so ausrichten, dass sie meinen Interessen möglichst entsprach und ich einen Sinn in meiner Tätigkeit sehen konnte. Der kranke Mensch im Zentrum interessierte mich. So lernte ich auf der chirurgischen Kinderabteilung Kinder jeden Alters kennen, die sich grösseren und kleineren Operationen unterziehen mussten – oder Kinder aus Marokko, die Tèrre des Hommes in die Schweiz brachte. Die Eltern hat man damals noch nicht in die Pflege ihrer Kinder im Spital miteinbezogen. Umso mehr war von uns Pflegenden sehr viel Einfühlungsvermögen und Liebe zu den kleinen Patienten gefordert. Ich fand es eine wunderbare Arbeit, denn die Kinder verbreiteten trotz ihrer schwierigen Zeit, die sie gerade durchmachten, viel Fröhlichkeit. Danach war ich ein paar Monate im Gebärsaal eingeteilt und erlebte fast täglich Frauen, die sich individuell ganz unterschiedlich den Herausforderungen der Geburt ihres Kindes stellten und sah Neugeborene bei ihrem ersten Atemzug. Später habe ich als ausgebildete Krankenschwester Schwerstkranke in ihren letzten Stunden begleitet und sah sie sterben. Das Leben selbst hat uns im Spital immer wieder aufs Neue gänzlich überrascht, in dem zum Beispiel auf der Geburtsabteilung plötzlich die Meldung einging, dass eine Gebärende gerade im Flur angekommen und das Kind schon fast geboren sei, was kompetentes und schnelles Handeln notwendig machte – oder auf der medizinischen Abteilung, wenn die Tagesgeschäfte so dahin plätscherten und plötzlich ein Notfall eingeliefert wurde und der Tod völlig unangemeldet hinzu trat, um diese Seele abzuholen. Alle medizinischen Massnahmen waren in so einem Moment wirkungslos, wenn die Zeit für diesen Menschen gekommen ist, seinen irdischen Körper zu verlassen und auf seinem Weg weiter zu gehen. Schon damals war das Leben für mich ein grosses Mysterium und ich fragte mich, weshalb die Menschen so vielen unterschiedlichen Geschehnissen ausgeliefert sind – und warum es dabei Verlierer und Gewinner gibt.
Die klassischen, elementaren Fragen tauchten auf: Warum bin ich hier? Warum sind wir hier? Wo komme ich her? Wohin gehe ich? Was sind die Aufgaben und Ziele in meinem Leben? Im Säuglingszimmer fiel mir auf, dass es ganz unterschiedliche Charaktere gab

und sich Neugeborene keinesfalls wie ein Ei dem anderen glichen. Die einen schienen dafür prädestiniert zu sein, eine führende Rolle im Leben zu übernehmen und andere schienen eher dafür prädestiniert zu sein, sich unter zu ordnen. Damals wurde noch nicht öffentlich von Reinkarnation und Wiedergeburt gesprochen, wie es heute der Fall ist, aber mir war schon ganz früh klar, dass es sich um die Wiedergeburt handeln muss, und dass wir Guthaben aus früheren Leben mitbringen, aber auch Schulden. Heute ist mir das Karmagesetz von Ursache und Wirkung selbstverständlich geläufig und vielleicht handelte es sich schon damals, als ich diese Ahnungen hatte, um die Erinnerung an das „Rad der Vierundachtzig", wie es im Sanskrit genannt wird – oder wie wir sagen, um den Kreislauf von Geburt und Tod. Sehr wahrscheinlich habe ich mich aus meinen früheren Leben daran erinnert!

Von der Krankenschwester und Künstlerin zur Rückführungsspezialistin
Nach ein paar Jahren im Einsatz als Krankenschwester habe ich das Spital wieder verlassen und mich vermehrt mit der Kunst befasst. Ich habe begonnen grossformatige Bilder zu malen und meinen eigenen Stil zu entwickeln. Ich bin mit einem Bildhauer verheiratet und wir haben zusammen zwei Söhne. Als Künstlerpaar beschäftigen wir uns vor allem mit spiritueller Kunst und Symbolen.
Vor gut zehn Jahren habe ich eine Praxis für Rückführungen und Clearings, sowie Energiearbeit eröffnet. Wir leben in der Nähe von St. Gallen im Neckertal, das noch relativ wild romantisch geblieben ist. Unser altes Patrizierhaus grenzt an den Fluss Necker. Klienten, die mich aufsuchen, werden richtig gehend aus ihrem Alltag herausgehoben, wenn sie mit dem Zug oder Auto durch die schöne Landschaft anreisen. Wenn sie bei uns im parkähnlichen Garten ankommen, sind sie meist begeistert von der idyllischen Lage, den vorhandenen Kunstwerken wie Symbolsteinen, Skulpturen und Bildern. Meine Praxis ist in warmen Farbtönen eingerichtet und gleicht mit den Möbeln aus Kaschmir eher einer nordindischen Stube, in der sich der Klient sofort vom Alltag ausgeklinkt fühlt und in eine andere Welt eintritt. Eine Rückführung soll auch etwas ganz Besonderes im Leben eines Klienten darstellen. Deshalb soll er sich von Anfang an geborgen und wohl bei mir fühlen!

Nach einer Ausbildung bei Werner Neuner über Freie Energien und Symbolkräfte, habe ich zuerst die Methode des Clearings bei Roland Knaus gelernt, in der es um das Erkennen und Befreien von Fremdenergien geht. Viele Menschen haben Besetzungen von Fremdenergien und leiden sehr darunter, aber oftmals wissen sie nicht, dass sie besetzt sind, oder sie trauen sich nicht, es auszusprechen, wenn sie den Verdacht haben, nicht „alleine" in ihrem Körper zu sein. Besetzungen können jedoch die körperliche, emotionale oder soziale Befindlichkeit vehement beeinflussen und sogar die Persönlichkeit verändern.

Nach meinen ersten Erfahrungen mit Clearings habe ich bemerkt, dass Besetzungen oftmals aus früheren Leben stammen und mit dem Klienten im heutigen Leben noch verbunden – oder anders ausgedrückt, noch karmisch verstrickt sind. Das hat mich dazu bewogen beim bekanntesten deutschen Rückführungsspezialisten, Trutz Hardo, die von ihm entwickelte und spirituell ausgerichtete Rückführungsmethode zu studieren. Die Basis dieser Arbeit ist die Verbindung mit dem Höheren Selbst, jener spirituellen Instanz in uns, die jenseits von Zeit und Raum tief mit uns verbunden ist. Wir können uns vorstellen, dass das Höhere Selbst wie eine zentrale Sonne über eine Kette aus vielen Perlen scheint. Jede Perle stellt eines unserer früheren Leben dar. Das Höhere Selbst sind wir in unserer Vollkommenheit. Es ist ständig mit uns verbunden und hat uns durch sämtliche Existenzen geführt. Es hat eine übergeordnete, nicht manipulierbare Sicht über unsere sämtlichen Inkarnationen und ihre karmischen Zusammenhänge. Intuitiv nehmen wir in einem entspannten Zustand die Präsenz des Höheren Selbst, unserer Seele, wahr und lassen uns von ihm führen und inspirieren. Es eröffnet uns Einblicke in frühere Leben und lässt uns diese wieder erleben.

Es existieren verschiedene Techniken für die Rückerinnerung im Alpha-Zustand. Eine sog. Induktion ist vergleichbar mit einer geführten Meditation. Ich habe in einer Hypnoseausbildung einige gängige Vorgehensweisen kennen gelernt, verwende aber meistens eine Count-Down Methode, bei der ich von 20 oder von 10 bis 1 rückwärts zähle. Dann vertiefe ich den Entspannungszustand und führe den Klienten in ein Wolkenbett, wo er sich noch einmal tiefer entspannt und seinem Höheren Selbst begegnet. Im Wolkenbett bittet der Klient sein Höheres Selbst zum Beispiel: „Führe mich dorthin, woher mein ständiges Frieren kommt." Ich habe mit einem Mann gearbeitet, der an einer übertriebenen Empfindlichkeit gegenüber Kälte und Durchzug, sowie permanentem Frösteln litt. Der Klient schilderte folgende Szenen aus seinem früheren Leben: Er befand sich als Schreiber in der Armee von Napoleon auf dem Russlandfeldzug. Es war tiefer Winter. Unerwartet kam der Befehl zum Rückzug. Die wohlig warme Schreibstube im Quartier musste augenblicklich verlassen werden. Es blieb keine Zeit, um Vorkehrungen gegen die eisige Kälte zu treffen. Die Männer rannten Hals über Kopf in ihren blauen, leichten Wollmänteln in den russischen Winter hinaus und kamen kurze Zeit später in Schnee und Eis um. Der Klient sah sich nach seinem Tod ausserhalb seines Körpers von oben herab, zusammen mit seinen Kameraden im Schnee liegend zu Eis erstarrt. Der soeben verstorbene Schreiber programmierte sich unmittelbar nach seinem schrecklichen Tod folgendermassen: „Ich will nie mehr erfrieren!" Diese Programmierung wirkte sich bis zu dem Zeitpunkt auf den Klienten aus, bis er in der Rückführung heraus fand, was der Grund für sein Problem war. So bald er das wusste, musste er nicht länger leiden und konnte sich in einem Auflösungsritual von all seinen Beschwerden befreien. Anschliessend führte ich ihn durch einen Prozess der Deprogrammierung und Neuprogrammierung.

Am Ende einer Rückführung fühlt sich der Klient verständlicherweise etwas müde, aber zu tiefst erleichtert und zuversichtlich. In den darauf folgenden Tagen wiederholt er jene Affirmationen, die sich herauskristallisiert haben und distanziert sich endgültig von seinen alten Verhaltensmustern. Sein Unterbewusstsein wird das umsetzen, was ihm an neuen Inputs eingegeben wird. Wir können diesen Vorgang mit einem Computer vergleichen, der sein Programm umrechnet und neu schreibt, denn genau das geschieht nach einer therapeutischen Rückführung mit unserer ureigenen „Festplatte". In der Regel berichten mir meine Klienten ein paar Wochen oder Monate nach der therapeutischen Rückführung, wie es ihnen ergeht und was sich in Bezug auf das Thema, das sie mit mir bearbeitet haben verändert hat. So ist es interessant zu wissen, dass mein oben erwähnter Klient kein Problem mehr mit der Kälte hat und, dass sich das ständige Frösteln vollständig aufgelöst hat. Seither schleppt er keine unnötigen Kleider und Utensilien mehr mit, wenn er aus dem Haus geht. Der Klient fühlt sich unabhängig und traut sich heute viel mehr zu, ohne sich zu erkälten oder sich unpässlich zu fühlen.

Mit der Rückführung an das Essentielle gelangen
Mich fasziniert es seit jeher, dass wir mit der Rückführungstherapie eine Methode zur Verfügung haben, bei der wir selbst die Ursachen unserer Probleme im körperlichen, geistigen oder seelischen Bereich aufdecken und uns selbst aktiv an unserer eigenen Heilung beteiligen können. Die Rückführungstherapie ist eine moderne Lebenshilfe zur Aufdeckung von „Fehlprogrammierungen" aus der Vergangenheit und wir können sie in allen Lebensbereichen anwenden, zum Beispiel bei Problemen im sozialen Umfeld, in der Familie, im gesundheitlichen Bereich, in der Partnerschaft und Sexualität, oder im Beruf. Wenn sich jemand in einem „normalen" Zustand befindet, sind den Themen für eine Rückführung keine Grenzen gesetzt. Auch Ängste jeglicher Art lassen sich behandeln und meistens in ein oder zwei Sitzungen beheben. Es ist in meiner Praxis schon vorgekommen, dass sich Klienten beispielsweise von Migräne oder Neurodermitis befreien konnten. Ich empfehle die Rückführungstherapie auch jungen

Menschen, die mit den Anforderungen des Erwachsenenlebens Mühe haben. Teenager lassen sich in der Regel sehr gut zurück führen und machen sehr motiviert mit. Schliesslich haben sie ihr ganzes Leben noch vor sich und sind daran interessiert, ihre inneren Blockaden aus dem Weg zu räumen. Ich denke dabei an eine junge Frau, die um ein Haar, ähnlich wie in ihren Vorleben, wieder in der Prostitution gelandet wäre. Ihr Problem war, dass sie sich nur dann bestätigt fühlte, wenn sie ein Mann sexuell benutzte, auch wenn sie selbst keine Befriedigung dabei fand. Sie deckte während der Rückführung auf, dass sie in einem früheren Leben sich selbst und ihre Mutter durchbringen musste, als der Vater wegen seines Wohlstands aus Neid und Habgier von einer eifersüchtigen Meute ermordet worden war. Man nahm ihnen alles weg und unwillkürlich landeten Mutter und Tochter in Armut und Elend. Das junge, schöne Mädchen sah nur noch einen Ausweg aus der Not und liess sich in einem Bordell anstellen. Es war unbeliebt unter den Frauen, aber die Männer schmeichelten ihm und bezahlten es gut für seine Dienste. Die Mutter wollte nie wissen, wie ihre Tochter zum Geld kam, das sie nach hause brachte. Hauptsache man hatte wieder das Nötigste zum Überleben. Es lief nicht immer reibungslos und es gab auch sehr schlechte Zeiten, in denen sie vergewaltigt und diffamiert wurde. Sie musste sich immer wieder aufrappeln und dafür sorgen, dass sie irgendwie über die Runden kamen. Das existenzielle Überleben wurde von den Männern entweder gesichert oder wieder zerstört. Dieses Muster der Unselbständigkeit war im heutigen Leben noch immer vorhanden und verhinderte ehrlich gemeinte Freundschaften und echte Liebesbeziehungen. Das früher Erlebte wirkte sich auch auf ihre Berufswahl aus, denn sie wusste nicht, in welche Richtung sie suchen sollte. In der Vergangenheit spielte sich die Existenzsicherung über ihren Körper ab, obwohl man sie immer wieder respektlos behandelte und denunzierte.

Ein paar Wochen nach der therapeutischen Rückführung meldete sich die Jugendliche wieder bei mir und berichtete mir, dass sich ihr Verhalten markant verändert habe und sie sich im Umgang mit Männern bereits viel selbstbewusster verhalte. Sie könne sich besser abgrenzen, auch würde sie ihre Bedürfnisse jetzt klarer erkennen. Voller Freude schrieb sie mir über eine sehr positive Begegnung mit einem jungen Mann und, dass sie ein tolles Angebot für eine interessante Lehrstelle in Aussicht habe. Das Leben ist für sie harmonischer und viel schöner geworden.

Täterleben - Opferleben
Unbewusst schwingen dramatische Erlebnisse noch lange nach und sind in unserem Erinnerungspotenzial gespeichert. Offensichtlich leiden wir im heutigen Leben noch immer an den Folgen von trauma-

tischen Ereignissen aus Opferleben, die sich als Blockaden manifestieren, ganz besonders dann, wenn sie an ein Todesereignis gekoppelt sind. Das Höhere Selbst zeigt uns aber auch auf, wo wir falsch und gegen die Liebe gehandelt haben, in dem es uns Täterleben zeigt und wieder erleben lässt. Wenn wir etwas Schlimmes getan haben, müssen wir später die Konsequenzen dafür übernehmen und am eigenen Leib erfahren, wie sich es sich anfühlt, wenn einem grosses Leid zugefügt wird. Es geht dabei nicht um eine Bestrafung, sondern um die Bewusstwerdung und den Reifungsprozess der Seele. Im Verlauf der therapeutischen Rückführung führe ich den Klienten auf den Berg der Erkenntnis, von wo aus wir alle soeben aufgedeckten Leben aus einer übergeordneten Perspektive betrachten. Aus dieser Sicht erwächst das echte Bedürfnis, jene um Verzeihung zu bitten, denen wir geschadet haben – und den anderen, die uns Leid angetan haben, zu verzeihen. Wir lösen das alles mit dem goldenen Kelch der Liebe, der Vergebung, der Leid- und der Schuldauflösung aus tiefstem Herzen auf. Die bekannte Schweizer Ärztin und Sterbeforscherin, Elisabeth Kübler-Ross, war die spirituelle Lehrerin von Trutz Hardo und hat ihn zu diesem vielschichtigen Vergebungsritual auf dem Berg der Erkenntnis inspiriert.

Fürst, Prinzessin oder Haremsdame
Ich werde immer wieder damit konfrontiert, dass Leute irrige Vorstellungen über frühere Leben und Rückführungen haben. Sie glauben, dass Menschen die eine Rückführung gemacht haben, entweder Caesar oder Cleopatra gewesen seien...mindestens aber Fürst, Prinzessin oder Haremsdame! Meine eigene Praxis lehrt mich da etwas anderes. Auch die Fachbücher sind voll von Fallbeispielen, die diese Meinung grundsätzlich widerlegen. Es kann schon einmal eine frühere Inkarnation aufgedeckt werden, wo wir vielleicht ein Herrscher waren, in Indien ein Maharadja, oder ein Grossmogul, oder im alten Persien eine Haremsdame... meistens waren wir aber als ganz normale Leute in alltäglichen Berufen unterwegs, jedoch auch als Landstreicher, Lebemann, Krieger, Bandenführer, Seeräuber auf den Weltmeeren, Mägde, Diener, Scharfrichter, Heilkundige oder Hexen im Mittelalter, Wissenschaftler, Gelehrte, Bettler, Priester, Architekt in der Antike oder Künstler, Kaufleute oder Seeleute, Ärzte, Gaukler oder Magier.

All dies kommt in einer Rückführung vor. Ich erinnere mich da an einen Hofnarren, der mit seinen Spässen den König belustigt hat, dann aber leider einer Verschwörung zum Opfer fiel und öffentlich hingerichtet wurde und somit unter Spott und Hohn ein tragisches Ende nahm.

Wir sind das Produkt unserer Vergangenheit

Folgendes Argument höre ich manchmal, wenn jemand landläufig mit Rückführungen in Kontakt kommt: „Warum soll ich mich für die Vergangenheit interessieren und zurück blicken, wenn ich heute schon genügend Probleme habe?" Doch wenn es so wäre, dass sich die Vergangenheit nicht mehr für uns interessieren würde, könnten wir dieses Argument gelten lassen. Es zeig sich aber, dass viele Probleme aus der Vergangenheit stammen, entweder aus dem heutigen Leben oder aus früheren Existenzen. Wir sind also das Produkt unserer Vergangenheit. In der heutigen Zeit haben wir das Privileg mit der Rückführungstherapie die Vergangenheit zu betrachten und Fehlprogramme in Ordnung zu bringen. Damit finden wir zu mehr Freiheit, Erfüllung und Harmonie in unserem heutigen Leben. Die Seele hat sich vor langer Zeit dafür entschieden, aus der Einheit heraus den Weg der Reinkarnation zu gehen, möglichst viele Erfahrungen zu sammeln und dadurch zu reifen und geläutert zu werden, um wieder in die Einheit zurück zu kehren. Trutz Hardo erwähnt in einem Artikel ein Gedicht von Goehte, in dem er beschreibt, wie unsere Seele einem Tropfen Wasser gleicht, der aus der Wolke herunter fällt und dann mit seiner Verdunstung wieder aufsteigt und ins Jenseits zurückkehrt. Mit der Wolke ist das Jenseits gemeint. Nach vielen Wechseln zwischen dem Diesseits und dem Jenseits gelangen wir – symbolisch gesprochen – wieder ins Meer der Liebe und Güte zurück, in jene vollkommene Ureinheit, in der wir alle mit allem eins sind.

Mittels der modernen Rückführungstherapie können wir auf unserer ureigenen Festplatte „surfen", lernen viel Interessantes über uns selbst und über das Essentielle unseres eigenen Lebens.

Autorin:

Doris Widmer, Unterdorfstrasse 7, 9125 Brunnadern
info@rueck-fuehrung.ch, www.rueck-fuehrung.ch

Der Zahn als Symbol zur Trauma-Auflösung

 Mein Name ist Gabrielle Z'Graggen, ich arbeite als Traum-Therapeutin in Schüpfen und freue mich, dass sie daran interessiert sind, weitere Wege der Selbstheilung zu entdecken.

Als Trauma-Therapeutin habe ich die Aus- und Weiterbildung in REIKI, Familien-System-Stellen, Social-Trauma, Klopftechnik und Obsidian-Massage. Erfahrung sammeln durfte ich in der Begleitung von Menschen mit Beeinträchtigungen, Einsatz bei Notrufen für psychologische erste Hilfe (PEH) und zurzeit in Zusammenarbeit eines Zahnmediziners.

Der Sinn in folgendem Text liegt vorwiegend darin, auf die Sprache des Körpers aufmerksam zu machen. Überall wo unser Körper ist auf Erden, ist auch unsere Seele und unser Verstand. Jeden Augenblick nehmen wir mit unseren Sinnen wahr und speichern ihn in unseren Zellen und erweitern so die Informationen unserer Ahnenreihe, gespeichert auf unserer DNA.

Jede erlebte Situation wird im Körper widergespiegelt, sei das mit Wohlgefühl oder Unwohlsein. Es sind die Schwachstellen im Körper, welche mit Schmerz, auf das Unwohlsein und Ungleichgewicht der Denkweise aufmerksam machen.

Denkweise zeigt sich auch anhand der Worte: ich glaube ich......
Weshalb glaube ich? Wer hat mich gelehrt das zu glauben? Stimmt das auch heute noch, was ich glaube?

Die Zusammenarbeit im ZFIZ AG, mit Herrn J. Noack, zeigt, wie wichtig es für den Patienten ist, dass er integral wahrgenommen wird.

Jedem Zahn und Organ ist eine Eigenschaft, z.B. Wut, Trauer, Freude, Angst, Entscheidung..., zugeordnet. So manches Sprichwort erinnert uns daran.

Wie z.B.: In welchen Situationen kann ich nur auf die Zähne beissen und empfinde einen Mangel an Freude und Fähigkeit, eine Entscheidung zu treffen.

Es braucht einen Entscheid, das Thema anzuschauen und eine Umkehr des Denkmusters anzugehen, um dem Körper die ersten Informationen der Selbstheilung zu geben.

Mit dem Instrument EFT-Klopftechnik, systemisches Stellen und Social-Trauma ist die Möglichkeit gegeben, in meiner Praxis für Trauma-Auflösung, Denkmuster zu erkennen und eine Umkehr der „Glaubens-Sätze" herbeizuführen.

Gerne möchte ich hier in diesem Buch die Gelegenheit nutzen um Erlebnisse von Klienten und mir zu schildern, wie es möglich wird, Schmerzen zu lindern, Ängste zu überwinden und Allergien aufzulösen: Aus dem Schatz der Begleitung im Zentrum für integrale Zahnmedizin AG möchte ich berichten, um aufzuzeigen, was noch so alles möglich sein darf und kann, um die Selbstheilungskräfte der Patienten zu unterstützen.

Folgende Beispiele sind nur ein kleiner Auszug aus unserer täglichen Praxis:

- Ein erwachsener, kräftiger Herr sitzt mir gegenüber mit grossen hoffnungsvollen Augen und der Bitte, ihm doch den Zugang zum Zahnarzt möglich zu machen. Er war seit Jahren nicht mehr zur Dentalhygienik oder beim Zahnarzt. Jetzt sind die Zähne so empfindlich, dass ein Besuch unumgänglich wird.
Die Angst wurde bei einem Zahnarztbesuch im jugendlichen Alter ausgelöst, als seine Verweigerung ignoriert wurde.
Nach zwei Sitzungen EFT sah ich den Herrn auf dem Zahnarztstuhl bei der Dentalhygienikerin sitzen und mich mit Daumenhoch zwischen den Instrumenten hindurch anlächeln und seine Augen waren voller Freude und Stolz, endlich die Angst überwunden zu haben.

- Einer Oberstufenschülerin steht das Entfernen von 4 Zähnen bevor. Auch ihre Bedürfnisse wurden bei früheren Zahnarztbesuchen übergangen und sie lässt sich ganz und gar nicht von ihr fremden Menschen berühren. Nach der zweiten Sitzung durfte ich EFT bei ihr anwenden und sie fasste Vertrauen, ihre Ängste zu äussern und anzugehen. Während drei Monaten hat die Schülerin gelernt, sich selbst wahrzunehmen und ihre Bedürfnisse bis zu aller Zufriedenheit durchzusetzen. Sie hat sich das Datum des Eingriffes selbst gesetzt und als sie beim Zahnarzt auf dem Stuhl sass, habe ich sie während des Zahnziehens mit EFT unterstützt.

- Einer dreissigjährigen, alleinstehenden Klientin wurde ich empfohlen, sie zu begleiten um den Heilungsprozess beim Zahn 26 zu unterstützen. Nach der ersten Sitzung EFT war sie ganz erstaunt, welche Themen damit verbunden sind. So z.B. den Kontakt zu Familienmitgliedern, welcher aus ihrer Sicht doch immer wieder von ihr aus aufgenommen werden musste. Wir arbeiteten weiter mit EFT und Familien-System-Stellen. Ihre Entzündung und das Bluten waren nach kurzer Zeit geheilt und das Implantat sass fest. Zur vierten Sitzung kam die Klientin ganz begeistert und erzählt, dass sich ihre Schwester seit mehreren Jahren bei ihr angemeldet hat für ein Wochenende und die Geschwister die Zeit zusammen geniessen konnten. Nun packt sie das Partnerschafts-Thema an.

- Im Wartezimmer sitzt eine Frau zitternd am ganzen Körper neben ihrem fürsorglichen Mann. Ihr wurde vor einer Woche ein Zahn problemlos entfernt mit dem Hinweis, es in den nächsten Tag etwas ruhiger anzugehen, und kam heute nur zur Nachversorgung. Sie erzählt mir, dass ihr Körper seit einigen Tagen das Zittern nicht loslassen kann und bricht in Tränen aus. Mit der Anwendung von Neuro-Tuning ist die Patientin nach 30 Minuten ruhiger und beginnt zu erzählen, wie sie ihren Alltag strukturiert, dabei sich selbst zuhört, wie engagiert sie sich um ihr Umfeld kümmert und sich selbst in den Hintergrund stellt. Als der Zahn entfernt war, entstand eine Stelle, welche für ihr vegetatives Nervensystem den Weg frei gab, sich zu entspannen.

- Am Körper schmerzt ein Zahn im unteren, linken Zahnbereich, der Beziehungs-Region. Der Eingriff beim Arzt war erfolgreich und doch schmerzt die Region noch.
Während der Therapie erzählt mir der Patient so ganz nebenbei, wie der Alltag in der Familie gelebt wird. Ich frage genauer nach und mit den mir zur Verfügung stehenden Techniken werden die gespeicherten Schutzmechanismen des Körpers von Ist-Zustand in Erfahrungs-Wert umgewandelt. Mit der Erkenntnis in zwei bis drei Folgesitzungen, erlebt der Patient, dass seine Lebensqualität in der Familie zu ändern ist, und so entspannen sich die Schmerzregion, der Körper und nicht zuletzt auch die Menschen in seinem Umfeld.

- Während meiner Aus- und Weiterbildungen habe ich manche Themenbereiche aufgearbeitet. Der Heuschnupfen jedoch kam beharrlich jedes Jahr im Frühling wieder und reizte mich bis Oktober mit Schnupfen, Tränen und Hautausschlag. Im Juni dieses Jahres liess ich mir den Zahn 27 amalgamfrei machen und mit Cerec-Keramik versorgen. Im Juli wurde mir bewusst, dass ich keine Reaktionen mehr hatte wie oben erwähnt. Jetzt kann ich in der Pracht der Flora sitzen, sowie Düfte und Farben geniessen, da meine Abwehrstoffe weniger gegen mir unverträgliche, einverleibte Fremdstoffe eingesetzt werden müssen.
Ich bin überzeugt davon, dass die Selbstheilung unterstützt wird, wenn vor, während und/oder nach einer zahnärztlichen Behandlung auch die dazugehörigen Erlebnisse in eine neutrale Empfindungsmitte gebracht werden. Vor allem die Vorbehandlung des Themenbereiches der zugeordneten Zahnregion bei zahnärztlich-chirurgischen Eingriffen, führt zu vehement weniger Schmerzen bis hin sogar zu Schmerzfreiheit nach der Operation. Sicher verhält es sich so, dass diese Art Begleitung sich in allen Heilberufen unterstützend für den Patienten auswirkt.
Wir können uns auch gesund erhalten, indem wir uns selbst wahrnehmen und uns in die Pflicht nehmen, in Situationen in der wir uns

Unwohl fühlen zu überprüfen, was wir denken, was wir dazu fühlen und was wir im Körper dazu spüren. So kann darauf hin die entsprechende Handlung eingeleitet werden.

Das Geschenk in der Wunde erkennen.

Autorin:
Gabrielle Z'Graggen, Leiernstrasse 3, 3054 Schüpfen
www.l-ich-t.ch, www.zfiz.ch

Bewegende Heilerfolge

Im Alter von 26 Jahren wurde ich schwer krank. Dadurch hatte ich grosse geschwollene Lymphknoten am Hals. Es wurde Krebs vermutet und durch einen operativen Eingriff wurden mir Lymphknoten am Hals entfernt. Dabei wurde ein wichtiger Nerv durchtrennt.
Ich konnte nach der OP den rechten Arm nicht mehr heben, mein Schulterblatt stand ab. Das Schlimmste war, ich hatte unerträgliche, heftigste Schmerzen, die nicht zum Aushalten waren. Meine Augen tränten vor Schmerzen und ich hätte „die glatten Wände hoch gehen können". Der Arzt glaubte mir zuerst nicht. Nur unter ganz hohen Schmerzmittel-Dosen, deren Wirkung jedoch auch nicht lange anhielt, konnte ich das Leben einigermassen ertragen. Diese Medikamente machten mich mit der Zeit abhängig.
Ich habe so stark gelitten, war nicht mehr arbeitsfähig, nicht mal mehr für alltägliche Dinge war ich zu gebrauchen. Ich wurde für meine Mitmenschen uninteressant.
Eines Tages wurde mir das alles bewusst. Ich wusste, so kann ich das nicht lange überleben. Ich werde in eine Klinik müssen für einen Entzug oder ich werde sterben, da meine Nieren versagen würden.
Jeder hat mir geraten, den Arzt auf Schadenersatz zu verklagen. Aber ich sagte: „Ich bin nur ein Bündel Schmerzen, kein Mensch mehr". Nichts auf der Welt kann mich erfreuen, kein Geld, keine Seereise, was auch immer. Und der Arzt hat auch sein eigenes Leben oder seine Familie, die wichtig ist. Ich will nicht noch sein Leben verpfuschen. Später wusste ich, dass diese Entscheidung richtig war! Da meine Ärzte mir nicht mehr helfen konnten und auch nicht weiter wussten, entschied ich mich, mein Leben selbst in die Hand zu nehmen nach dem Motto: „Hilf Dir selbst, dann hilft Dir Gott".
Tja - und wo ist dieser Gott? Ist es jener mit weissem Bart auf der Wolke? Ich begann ihn zu suchen. Ich wusste, ich musste zuerst mei-

nen Schmerz loslassen, bzw. lernen, ihn anzunehmen. Ich muss Freund mit ihm werden, damit ich dann mit mir arbeiten kann, denn sonst kämpfen wir weiter gegen einander. Ich bat um Heilung und versprach, wenn es sein darf, dass ich gesund werde, dann möchte ich mit meinem Arm nur Gutes für Andere tun.

Mir war klar, ich kann 40% oder 60% selber machen, aber den Rest muss „ER" machen. Ich zweifelte so sehr, dass dieses Schicksal für mich vorbestimmt war. Dann fand ich einen Weg, mit mir mehrmals täglich zu arbeiten. Mit bestimmten Körperübungen, Autosuggestion, Heilarbeit an und mit mir, Visualisation, lernte ich endlich meinen Körper auf dem harten Boden zu entspannen und von den Verkrampfungen durch die starken Schmerzen zu befreien.

Ich habe begriffen, dass ich nicht mehr reden darf über meine Krankheit, meinen Schmerz, meine Erfahrung. Ich musste es positiv formulieren und das habe ich getan. Durch hartes Üben, Trainieren und Durchhalten meiner positiven Haltung konnte ich nach ca. 1 1/2 bis 2 Jahren meinen Arm langsam wieder bewegen. Ich war fast schmerzfrei und habe es geschafft, wieder gesund zu sein. Zu Beginn konnte ich keinen Ball werfen, heute ist es wieder möglich.

Ich machte mich auf den Weg und lernte zuerst Fussreflexzonen-Massage und arbeitete ehrenamtlich in einem Geistheilerzentrum mit. Im Jahr 1983 eröffnete ich meine eigene Praxis. Ich arbeite heute ganz normal, habe an vielen Weiterbildungen teilgenommen, verzichtete freiwillig auf IV-Leistungen, und arbeite heute mit meinem gesunden Arm und helfe kranken Menschen mit meinen kostbaren Erfahrungen, meiner Intuition und meinen Fähigkeiten bewusst am Leben teilzunehmen, oder zeige Ihnen einen Weg auf, um wieder gesund zu werden.

Diese Arbeit ist für mich zur Berufung geworden. Dafür bin ich sehr dankbar!

Trauer und Begleitung

Ich habe eine Klientin mit Darmkrebs während 4 Jahren begleiten dürfen, was für mich bis heute eines von vielen wunderbaren Erlebnissen darstellt, weil wir einen Weg gemeinsam gegangen sind.

Sie war in chemotherapeutischer Behandlung bei ihren vertrauten Ärzten. Durch eine Empfehlung kam sie zu mir. Ich begleitete Sie mit meiner heilenergetischen Arbeit, auch mit der EMOZON-ENERGIE-MASSAGE, welcher ihr sehr half die Nebenwirkungen der Chemotherapie besser zu verkraften und vor allem auch den Sinn des Lebens wahr zu nehmen. Sie begann, bewusster Ihre Lebenstage zu geniessen und auch auf Ihren Körper zu hören. Sie reflektierte durch die intensiven Gespräche vieles in Ihrem Leben und begann es neu einzuordnen. Sie hatte keinen Groll mehr auf irgendetwas oder irgendjemanden. Ich ermunterte Sie immer wieder, täglich bewusst Ihr Leben zu gestalten und nur noch das zu tun, was sie für sich und ihren Ehemann als wichtig betrachtete.

Ihre Krücke war die Chemotherapie, jedoch eines Tages waren Ihre Beine so geschwollen und ich konnte sie nur noch mit meinen heilenden Händen behandeln, um Ihr Linderung zu geben. Schon als sie herein kam, nahm ich die Veränderung in ihrem Gesicht wahr, die Vorbereitung auf den Tod.

Durch meine intuitiven Fähigkeiten spürte ich, dass nun der Zeitpunkt des Verabschiedens hier auf Erden gekommen ist. Ich fasste meinen Mut zusammen und besprach das mit ihr. Wir baten ihren Ehemann an diesem Gespräch teilzunehmen. Beide waren gefasst und sie lebten die Tage noch intensiver, bis sie sich entschied, in das Spital zu gehen um mit Medikamenten und mit Nahrung versorgt zu sein. Ihr Arzt vermittelte ihr: „Wir können nichts mehr für sie tun, ausser sie mit Morphium zur Schmerzbehandlung zu versorgen".
Ich besuchte Sie noch nach einem Seminar und behandelte sie mit Geistheilung über die Füsse und sie war ganz ganz weit weg. Als sie zurück kam sagte ich zu ihr: Nun weißt du, wohin du gehst. Sie antwortete: „Ist das wunderschön – ja jetzt bin ich bereit". Zwei Tage später teilte sie ihrem Ehemann mit, er solle den Kindern Bescheid geben und sie kommen lassen. Es sei nun soweit. Alle waren mit ihr, als sie ins Jenseits ging.

In der Zwischenzeit ist eine persönliche Beziehung entstanden und ich wurde zur Beerdigung eingeladen. Ich ging um diesen Tag gemeinsam zu erleben und Licht, Heilung und Kraft den Angehörigen zu geben und für einander da zu sein. Immer wieder denke ich gerne an diese Zeit zurück.

Sie ermunterte Ihren Ehemann weiterhin zu mir zu kommen um Rat zu holen, er könne mir vertrauen. Auch ich konnte ihn ermuntern einen künstlichen OP Fehler trotz seinen Ängsten mit Erfolg erneut mit Erfolg operieren zu lassen.

Ich vergesse nie als ich bei der SVNH Prüfung danach gefragt wurde: Haben Sie den Mut einem Klienten mitzuteilen, wenn Sie spüren, dass er zu gehen hat. Man musste mich stoppen, denn ich kam ganz in Fahrt beim Erzählen über meine vielen gemachten Erfahrungen. Heute gebe ich diese Erfahrungen gerne als Sterbehilfe an meine Klienten und Seminarteilnehmer weiter.

Ich bin dankbar für alle meine gemachten Erfahrungen.

Autorin:
Fridlind Strütt, Enetriederstrasse 12, 6060 Sarnen
e-mail: info@fridlind.ch, www.fridlind.ch

Wie ich zum geistigen Heilen kam

 Obwohl ich wohl schon immer sensitiv war und mir in meiner Kindheit auch noch bewusst war, dass die ganze Natur beseelt ist, wurde dieses Wissen in meiner Jugend weitgehend verschüttet. Ich war aber immer noch an allem Übersinnlichen interessiert. Aber persönliche Erfahrungen dieser Art blieben aus oder waren mir nicht bewusst. Die Frage nach dem Sinn des Lebens und ein mögliches Leben danach, beschäftigten mich schon sehr früh im meinem Leben. Doch, dass ich einmal als Heiler und Medium arbeiten würde, hätte ich mir beim besten Willen nicht vorstellen können.

Meine Geschichte begann vor inzwischen 10 Jahren, als ich - durch Stress und Zukunftsängste ausgelöst, einen Nervenzusammenbruch erlitt. Als junger Mann hat mich Stück für Stück das Vertrauen an die materiellen Werte unserer modernen Welt verlassen. Ich verlor zum zweiten mal in Folge meinen Job, meine Beziehung war am Ende und zu alle dem kam noch ein Autounfall durch Fremdverschulden mit Totalschaden, bei dem mir glücklicherweise nichts passierte. Aber so war alles, was ich bis zu diesem Zeitpunkt besass, nur noch ein Scherbenhaufen.

Geistig und seelisch aufgewühlt, mobilisierte mein Körper, mir damals noch völlig fremd, die Kundalinikraft in mir. So angetrieben, nach einer Woche ohne Schlaf, habe ich gleichzeitig vor allem mein Herz- und die Handchakren immer stärker wahrgenommen und sprühte voller Energie. So konsultierte ich einen Arzt, der mir jedoch bei diesen Symptomen eines spontanen Kundalinierwachens, auf körperlicher Ebene auch nicht weiter helfen konnte. Inzwischen am Ende meiner seelischen Kräfte angelangt entschied ich, mich freiwillig in psychiatrische Behandlung in einer Klinik zu begeben, wo ich fürs Erste Medikamente bekam um wieder einmal schlafen zu können. Jedoch konnten vorerst auch zusätzliche Psychopharmaka die Wahrnehmung der entsprechenden Chakren nicht dämpfen. Die Ärzte dachten, dass ich an einer ernsten Psychose litt und verordneten mir eine entsprechende medikamentöse Therapie. Ich merkte jedoch sehr schnell, wie mich diese Medikamente der Wahrnehmung meiner Gefühle und Persönlichkeit beraubten, so dass ich diese Medikamente nicht mehr einnahm.

Inzwischen erhielt ich jedoch die Gelegenheit, einer anwesenden Frau welche Rückenschmerzen hatte, die Hände aufzulegen. Nach kurzer

Zeit waren ihre Rückenschmerzen verschwunden. So machte ich meine erste Erfahrung mit Energetischem Heilen. Diese Erfahrung weckte mein Interesse herauszufinden was mit mir geschah, und ich las viele Bücher zu diesen Themen. In der Familie und bei Freunden bekam ich auch immer wieder die Möglichkeit, meine mir so bewusst gewordenen Fähigkeiten, mit Erfolg anzuwenden. Egal ob es eine Migräne, oder durch Überanstrengung bei der Arbeit hervorgerufene Rückenschmerzen waren. Ich konnte durch indirektes Auflegen der Hände an der Stelle, welche ich hellfühlend wahrnahm das etwas energetisch im Ungleichgewicht war, die Beschwerden beheben. Zunächst habe ich mich autodidaktisch mit diesen Behandlungsformen befasst. Obwohl ich mir meiner Verbindung mit der geistigen Welt nicht bewusst war, beseelte sie einen grossen Teil meiner Inspiration und Stärke, um auf meinem neuen Weg zu bleiben.

Allmählich reifte der Entschluss, eine entsprechende Ausbildung in Geistigem Heilen zu absolvieren. Dadurch bin ich mir der geistig-spirituellen Welt immer mehr bewusst geworden und habe gelernt, wie sie mich unterstützen, und wie ich mit ihr zusammen arbeiten kann um Menschen in den verschiedensten Lebenslagen und mit den verschiedensten Beschwerden helfen zu können. Im Jahr 2011 habe ich mich entschieden, mein Studio für Geistige- und Energetische Heilung zu eröffnen, wodurch ich schon vielen Menschen helfen durfte. Ich setze mich auch dafür ein, dass die Fähigkeit zu Heilen und mit der geistig-spirituellen Welt zu kommunizieren, mehr Personen zugänglich wird. Personen, die das möchten und offen dazu sind, unterstütze ich gerne in Ihrer Entwicklung, wie auch ich mich immer noch gerne weiterbilde.

Diese Fähigkeiten können jedem von uns zuteil werden, auch wenn wir nicht so einschneidende Erfahrungen in unserem Leben machen. Wir müssen nur unser Bewusstsein in die entsprechenden Bahnen lenken und auf unser Herz hören. Um unsere Bestimmung in unserem Leben zu erkennen, ob wir diese Fähigkeiten einsetzen um andere zu unterstützen oder dadurch unser Leben positiver für uns und unsere Mitmenschen zu gestalten.

Autor:
Philipp Joss, Allmendstrasse 20, 4460 Gelterkinden
e-mail: ars187@bluewin.ch, www.anahatastudio.ch

Gratwanderungen

Immer wieder werde ich gefragt, was ich eigentlich in den Coaching's mache und vor allem was dies alles Bewirken und Nutzen könnte. Ehrlich gesagt, ich weiss es auch heute noch nicht genau. Vor allem habe ich nach wie vor die Befürchtung, dass ich gar nichts tue. Ich geniesse die Zeiten mit meinen Klienten, im Wald, am Fluss, auf den Gipfeln oder irgendwo draussen oder drinnen. Schaue was der Moment uns bringt und freue mich, wenn die Natur/das Universum mir antwortet. Sei es, dass es einen Mäusebussard, einen Fuchs, eine Maus oder ein quietschendes Tram vorbei schickt – oder uns vor eine steile Felswand führt – alles auch noch so unscheinbare kann immer wieder auf die nächsten Schritte hinweisen. Mich faszinieren diese Glücksmomente, wo ich spüre, dass mein Gegenüber und ich Eins werden mit dem Raum um uns herum. Plötzlich stehen viel mehr Antworten als Fragen im Raum. Die grösste Schwierigkeit ist oft zu entscheiden welche Fragen wir überhaupt beantwortet haben wollen. Wäre es nicht eine totale Überforderung, wenn wir plötzlich ein fragloses Dasein fristen würden?

Vor einiger Zeit hat sich ein Mann, nennen wir ihn Paul, zum Coaching angemeldet. Im Internet hat er einen Test zu Burnout gemacht, dieser Test hat ihm bestätigt, dass er im höchsten Masse Burnout gefährdet sei. Als selbstständig Erwerbender und politisch sehr aktiv tätiger Familienvater war der Alltag bis an den Rand gefüllt und er hatte kaum freie Zeitinseln um in die Coachings zu kommen.
Schon in der ersten Begegnung stellte sich heraus, dass das Fass effektiv am Überlaufen war. Trotz all meinen „systemisch-lösungsorientierten-biodynamischen und sonstigen Fragekünsten" kamen wir keinen Schritt weiter. Worauf ich ihn nach langem Hin und Her dazu überreden konnte, das nächste Setting auf seiner Joggingstrecke abzuhalten. So trafen wir uns an einem trüben, regnerischen Samstagnachmittag auf seiner Heimstrecke. Wir nutzten den herrlichen Baumbestand um eine „Aufstellung" mit den Bäumen zu machen. Doch auch hier konnten wir keine Antworten und Lösungsansätze finden. Ich war sehr enttäuscht und jeder Berater kann mir sicher nachfühlen wie ich mich gefühlt habe, als mir klar wurde, dass ich Paul nie mehr sehen würde, ohne ihm auch nur einen kleinen Lösungsansatz gegeben zu haben.

So war es dann auch. Während ca. 3 Monaten habe ich nichts mehr von ihm gehört. Doch eines Tages rief Paul mich ganz aufgeregt an und teilte mir mit, dass die Waldarbeiter den Baum, der in der Aufstellung stellvertretend für seine Frau dastand, gefällt hätten. Dieses Ereignis hat ihn so getroffen, dass er von diesem Moment an bereit war seine Situation anzuschauen und in kleinen Schritten zu verändern. Wer war nun für diese Veränderung verantwortlich? Der Baum? Seine Frau? Mein tolles Coaching? Oder war es schlicht und ergreifend einfach der richtige Zeitpunkt. DER Zeitpunkt wo Paul soweit war, den Veränderungen Platz zu machen, sich selber zu heilen und seine Ressourcen gezielt und sparsam einzusetzen?

Ich denke, es ist von allem ein bisschen und je länger ich mich mit dieser faszinierenden Arbeit befasse, je mehr staune ich und habe das Gefühl immer weniger zu wissen. Ich vertraue einfach immer wieder auf die Heilungskräfte des Universums.

Es gibt sehr viele tolle Formen von Coachings, doch für mich ist und bleibt die Natur mit all seinen kleinen und grossen Helfern mein bester Lehrer. Jede Begleitung und jedes Coaching eines Menschen bleibt eine Gratwanderung zwischen Aushalten der Leere und nicht Wissens und der Klarheit der Augenblicke.

Ich bin nach wie vor überzeugt, dass ich den schönsten und erholsamsten Arbeitsplatz der Welt habe und freue mich Menschen zu allen Themen dieser Welt zu begleiten und zu coachen.

Sexpalaver in der SBB

Auf dem Weg nach Zürich erzähle ich meinem Zugnachbarn, dass ich Coachings und Seminare zum Thema weibliche Sexualität anbiete. Der junge Mann ist sofort in meinem Banne und er sprudelt von Fragen und hört mir sehr interessiert zu. Eine amüsante und lustige Bahnfahrt nimmt seinen Lauf. So erzähle ich meinem Gegenüber von erweckter Frauenpower, von Orgasmen und von lustigen Begebenheiten. Es wird ganz still in den angrenzenden Zugsabteilen. Die Männer hören neugierig zu und die Frauen wenden sich leicht beschämt ab.

Sexualität ist zwar in aller Munde, doch immer noch gibt es kein anderes Thema (ausser vielleicht, der Kauf von Kampfjets), das so heftige Diskussionen auslöst und immer noch so tabuisiert ist. Viele Frauen melden sich heimlich zu den Seminaren an und erzählen in ihrem Umfeld, dass sie an ein Meditationswochenende fahren.

Die Teilnehmerinnen sind keineswegs frustrierte alte Jungfern. Die Frauen sind ganz gewöhnliche Liebhaberinnen, junge und ältere Mütter, Fremdgeherinnen, Politikerinnen, Grossmütter, Krankenschwestern und wechseljahrbeschwerdefreie Weiber, die trotz Hängebusen und Verlust der Marilyn-Monroe-Figur die Suche nach erfüllter, lustvoller Sexualität nicht aufgegeben haben. Ein Sexualleben das nährt, wild und ekstatisch ist und jede Frau sich und ihren weiblichen sexuellen Körper kennt und liebt.

Mein Zugbegleiter fragt mich, ob denn weibliche Sexualität erlernt werden müsse, es gäbe ja genügend Literatur. Meine Meinung ist ganz klar, denn Schwimmen erlernen wir auch nicht, wenn wir ein Buch lesen. Genau so verhält es sich auch mit Lust, Orgasmen und Ekstase – wir dürfen diese üben und alle werden erstaunt sein, wie unendlich gross Sexualität sein kann.

Ich möchte meinem Zugbegleiter auch von meinen Einzelcoachings in meiner Praxis in Bern erzählen, doch die Zugfahrt von Bern nach Zürich ist leider viel zu schnell vorbei und so lasse ich meinen Zugbegleiter mit vielen unbeantworteten Fragen zurück.

Autorin: Madeleine Stucki, Rachholtem 67, 3617 Fahrni
www.madeleinestucki.ch, www.sexualcoaching.ch

Unmögliches wird möglich - dank Mentaltechniken

Ich bin überzeugt, dass es so etwas wie einen roten Faden durch das eigene Leben gibt und dass wir auf dieser Welt eine bestimmte „Aufgabe" zu erfüllen haben. Diesen Faden gilt es zu finden, um dann daraus seine Bestimmung zu erkennen. Leben wir nach unserer Bestimmung, dann sind wir erfüllt und unser Leben wird sinnvoll. - Nur leider ist es nicht immer einfach, diese wahre Bestimmung zu finden. Ich selber kann ein Lied davon singen und mein Weg war da alles andere als geradlinig und manchmal auch recht anstrengend. Aber lasst mich erzählen:

Mit 16 besuchte ich die Diplommittelschule in Bern. Eigentlich war ich schulmüde und hatte genug von der Institution Schule. Dennoch war ich ehrgeizig und es war mir wichtig, die Schule gut abzuschliessen. Ein Jahr vor meiner Abschlussprüfung sass ich mit meinen Klassenkameraden in der Aula. Die Klasse vor uns wurde gebührend verabschiedet und die beste Diplomarbeit dieses Jahrganges wurde auserkoren. Ich weiss noch, wie der Titel dieser Arbeit genannt wurde und der Schüler den ersten Preis auf der Bühne entgegen nahm. In diesem Moment lief ein Film in meinem Kopf ab: Ich stellte mir vor, wie es ein Jahr später war und ich dort auf der Bühne stand und den Preis entgegennahm. Die Bilder waren sehr klar und begleitet mit einem freudigen und stolzen Gefühl. - Ich war selber erstaunt, was da abging, hatte ich das auf dieser Weise noch gar nie erlebt. Ich erschrak sogar ein wenig, weil dieser mentale Film automatisch ablief und das in einer solchen Intensität, wie ich es real erleben würde. Nun gut, die Bilder begleiteten mich durch das Jahr hindurch und wenn ich an meiner Arbeit schrieb, stellte sich immer wieder dieses freudige und stolze Gefühl ein. Das Jahr ging rasch vorüber und die Diplomarbeit machte mir Spass. Ich wusste, dass sie gut war und effektiv eine Chance hatte, den Preis zu holen. Aber sollte es reichen? - Wie ein Jahr vorher sassen wir dann wieder in der Aula und da fiel MEIN Name. Ich hatte es geschafft! Meine Bilder vom Vorjahr sind wahr geworden. Ich war überrascht und konnte es kaum glauben: Hatten meine Bilder wirklich solch einen Einfluss? Zufall oder war da mehr dahinter?

Ein paar Jahre später entschloss ich mich (nun nicht mehr schulmüde, sondern nur noch wissensdurstig!) die Matur auf dem 2. Bildungsweg nachzuholen. Ich war bereits verheiratet und mein damaliger Mann hatte die Matur auf „normalem" Weg abgeschlossen. Instinktiv wusste ich, dass er Mühe haben würde, wenn ich besser abschneiden würde als er. Deshalb war mein Ziel, nicht besser zu sein als er oder am besten die gleiche Notenpunktzahl wie er zu erreichen. Spontan würde man sagen, dass das kaum möglich ist, da sich die Notenpunktzahl aus allen Fächern zusammenzählt, wobei die Hauptfächer doppelt berechnet werden. Ein Ziel, dass kaum der Realität entspricht. Nun ja, ich bestand die Abschlussprüfung und als ich die Ergebnisse erhielt, traute ich meinen Augen nicht: die Notenpunktzahl entsprach genau derjenigen meines Mannes. - Das scheinbar Unmögliche war möglich geworden. - Zufall?

Ich fand es faszinierend, dass sich meine Ziele wiederum erfüllt hatten, tat es aber immer noch eher als Zufall ab und erkannte den Zusammenhang nicht. Ich hatte auch keine Ahnung, dass es Mentalpraktiken gibt, die ganz bewusst eingesetzt werden um Ziele zu erreichen. Bei mir lief dies einfach automatisch ab und es war mir nicht bewusst, was ich da eigentlich anwendete.

Als ich bei meiner Trennung von meinem Mann dringend eine Wohnung brauchte, machte ich mir wiederum ein Bild davon, wie diese sein müsste, wie viel ich zahlen kann etc. etc. Auch dies lief immer noch instinktiv ab. Mein Verstand hielt es sowieso nicht für möglich mit meinen dürftigen finanziellen Mitteln und in Bezug auf die Dringlichkeit eine Wohnung zu finden, die meinen Wünschen entsprach. - Ich war riesig enttäuscht als mir eine Einzimmerwohnung von der Verwaltung abgeschlagen wurde. Da ich damals wirklich dringend eine Wohnung benötigte, hätte ich zu diesem Zeitpunkt fast jede Wohnung genommen. Und es war schon so, diese abgesagte Wohnung hätte meinen Wünschen alles andere als entsprochen. Stattdessen schlug mir die Verwaltung eine andere Wohnung vor. Zuerst wollte ich sie mir nicht mal ansehen gehen, weil ich das Gefühl hatte, dass sie nicht stimmig sei und liess mich mehr oder weniger dazu überreden mal hinzufahren. Als ich die Wohnung dann sah, war ich überwältigt und ich konnte es einmal mehr kaum glauben: Es war die Wohnung, die meinen Wünschen voll entsprach. - Dieses Mal dachte ich, dass es Wunder wirklich gibt. Oder hatte es doch etwas mit der Vorstellungskraft zu tun?

Mit diesem Wohnungserlebnis erwachte meine Experimentierfreudigkeit und als ich dann das nächste Mal eine Wohnung suchte, schrieb ich mir all meine Punkte, die die Wohnung erfüllen sollte auf: ich kam auf 25 Punkte, die mir wichtig waren. Ich ging ein bis zwei Wohnungen ansehen, die meiner Wunschliste jedoch nicht entsprachen. Das Inserat einer weiteren Wohnung entdeckte ich ein paar Tage nach dessen Erscheinen und ich überlegte mir schon, ob ich dort überhaupt anrufen sollte. Die Wohnung war günstig und ich war mir sicher, dass sich darauf schon viele Interessenten gemeldet haben.

Schliesslich rief ich an und erhielt doch noch einen Besichtigungstermin. Ja, und als ich die Wohnung sah, war ich wiederum überwältigt. 22 der von mir aufgeschriebenen Punkte deckte sie ab. Grandios! Nur, die Wohnung unter so vielen Mitinteressenten auch noch zu erhalten? Ist das möglich? - Ja, es ist möglich: auch wenn ich eine der Letzten war, die die Wohnung ansahen, bekam ich sie. Es hatte also wieder funktioniert.

Ermunternd durch diese Wohnungserfahrung begann ich meine Vorstellungskraft bewusst einzusetzen. Aber immer noch hatte ich keine Ahnung, dass diese Praktik einen Namen hat und auch an Schulen gelernt werden kann.

Als ich mit meiner Homöopathieausbildung begann, war es für mich klar, einmal eine eigene Praxis zu haben. Im Baselländischen darf man jedoch nur als Homöopath praktizieren, wenn man zusätzlich auch die Naturärzteprüfung des Kantons besteht. Wollte ich also hier bleiben und hier praktizieren, musste ich auch diese Prüfung machen. - Vom Verstand her war also alles klar. Das Ziel musste es sein, diese Prüfung zu bestehen. So weit so gut. Mein Verstand begriff das, aber irgendetwas in mir verweigerte sich sozusagen, dies als mein Ziel anzunehmen. - Merkwürdigerweise hatte ich dazu auch keine Bilder im Kopf. Schlimmer noch, wenn ich an die Prüfung dachte, dann wollte etwas in mir gar nicht. - Der Film, der sich da normalerweise automatisch eingestellt hatte, spielte nicht ab, wie er es normalerweise tat. Ich konnte zwar mit Müh und Not Bilder heraufholen, das stimmige Gefühl dazu stellte sich aber dennoch nicht ein. - Lange wollte ich dies nicht einsehen und ich überging diese Signale. Ich bereitete mich auf die Prüfung vor, lernte und meldete mich sogar an. Und dann, etwa drei Wochen vor der Prüfung, konnte ich nicht mehr lernen. So etwas hatte ich noch nie erlebt. Mein Kopf verweigerte sich. Es ging gar nichts mehr. - Nach längerem hin und her gestand ich mir ein, dass Homöopathie wohl nicht meine Bestimmung ist und ich mich da in eine Sackgasse begeben hatte. Diese Erkenntnis war hart, denn wenn nicht Homöopathie, worin ich 4 Jahre meines Lebens investiert hatte, was dann? Ich steckte in einer Identitätskrise!

Schliesslich raffte ich mich auf und schrieb mir auf, was ich alles für Stärken habe und wie ich diese Stärken in einer Praxis einbringen möchte. Mittlerweile war mir klar, dass eine meiner Stärken die Vorstellungskraft war und dass ich sehr gut visualisieren konnte. Wenn es bei mir möglich war, allein durch das Visualisieren Ziele zu erreichen und Wünsche in die Realität zu holen, dann musste das doch bei anderen auch möglich sein?! Dabei beschäftigten mich auch die Aussagen von mehreren Dozenten in der Homöopathie. Diese erzählten von dem Phänomen, dass wenn sie das Mittel für einen Patienten ausgewählt hätten, die Patienten bereits auf das Mittel zu

reagieren begannen, auch wenn sie es physisch noch gar nicht eingenommen hatten. - Daraus schloss ich, dass schon allein ein Gedanke
enorm stark sein muss und dies bestätigte mir auch meine eigenen
Erfahrungen mit dem Visualisieren. - Ich wollte Menschen zeigen,
wie sie Ihre Bestimmung finden, wie sie Blockaden oder Ängste
auflösen können, wie sie mit Hilfe von mentalen Techniken ihre
Wünsche und Ziele erreichen können und selbstbestimmt ihr Leben
leben können. Das fühlte sich enorm gut an und das wollte ich tun. In
dieser Phase hatte ich aber keinen blassen Schimmer, wie ich dies
effektiv in die Praxis umsetzen sollte. Ich war aber überzeugt, dass
das Leben mich früher oder später schon an das richtige Ort führen
wird und mir das was ich brauche im richtigen Zeitpunkt zufallen
wird.

Es vergingen keine 2 Monate als ich ein Inserat in der Zeitung entdeckte: eine Einladung für einen Infoabend zur Ausbildung zum
Mentalcoach. Da MUSSTE ich hingehen. Ich war gespannt, was da
kommt und konnte es kaum glauben, was ich da zu hören bekam. Der
Ausbildner erzählte von den Phänomenen und den Möglichkeiten der
mentalen Techniken, über die neusten Erkenntnissen in der Hirnfor-
schung und wie man dieses Wissen bewusst einsetzen kann. Kurz, sie
lehrten in ihrer Ausbildung genau das, was ich 2 Monate vorher auf-
geschrieben hatte. Es war kaum zu glauben: Es gab effektiv eine
Schule dafür. Ich war einfach sprachlos.
So schnell habe ich mich wohl noch nie für eine Schule entschieden.
Es war so etwas von klar, dass ich nun am richtigen Ort war. Und
wen wundert es: die Bilder von meiner zukünftigen Praxis stellten
sich nun automatisch ein und auch die Gefühle stimmten. Es war da
nichts mehr in mir, dass zweifelte oder mich behinderte.

Coach zu sein ist meine Bestimmung und es gibt für mich nichts
schöneres als Menschen ein Stück ihres Weges begleiten zu können,
zu sehen, wie sie selbstbestimmt ihr Leben leben können, glücklicher
werden, sich Blockaden auflösen und sie gar ihre Bestimmung finden.
Meine eigene Praxis ist also Realität geworden. Das Leben hat für
mich einen Sinn und ich freue mich auf jeden Tag. - Ich weiss, dass
auch scheinbar Unmögliches möglich werden kann und zwar für
mich wie auch für meine Kunden und für jeden von uns!

Autorin: Anita Tröhler, Hemmikerstrasse 20, 4466 Ormalingen
e-mail: info@at-coaching.ch, www.at-coaching.ch

Der manchmal lange Weg zur Achtsamkeit

Wer von uns wünscht sich das nicht, Leben im Moment, ganz im Hier und Jetzt sein, bewusste Entscheidungen treffen, das Leben in vollen Zügen geniessen?

Seit Eckhards Tolle "Jetzt" boomt der Markt mit Ratgebern zum Thema "Achtsamkeit".
Nicht widerstehen konnte ich vor einiger Zeit dem Ratgeber "Schlank durch Achtsamkeit" von Ronald Pierre Schweppe. Nachdem ich mit Einsetzen der Wechseljahre kontinuierlich ein Kilo nach dem anderen zugelegt hatte, und alle möglichen Vorgehensweisen ohne Erfolg waren, war ich verzweifelt genug mir einen Ratgeber zum Thema Achtsamkeit zu besorgen, ein Gebiet, auf dem ich mich doch eigentlich als Profi fühlen sollte.

Schliesslich sollten Zen Meditation in meinen jungen Jahren, jahreslanges Üben von Aikido, der "Kurs in Wundern", etliche erhellende Seminare über Partnerschaft und Verantwortung für die eigenen Gefühle, Ausbildungen in Körper- und Energiearbeit, tägliche Meditation und Yoga und die körperzentrierte Ausbildung in Traumaheilung (Somatic Experiencing, SE), in der ich mich gerade befand, doch ausreichen, um Expertin zu sein in Achtsamkeit?

Ich studierte also das Buch und war beeindruckt. Damit hier keine Missverständnisse aufkommen, ich finde diesen Ratgeber ganz klar empfehlenswert! Ich fragte mich, warum ich nicht selbst längst auf all die brauchbaren Ideen gekommen war. Überhaupt, warum hatte ich dieses Buch nicht bereits selber geschrieben?
Zitat: "Da wir sehr oft essen, haben wir auch unzählig viele Möglichkeiten, achtsam zu essen. Achtsam zu essen, bedeutet vor allem

- ganz im Hier und Jetzt zu essen
- alle Sinne in die Erfahrung des Essens mit einzubeziehen
- sich während des Essens entspannt und ohne zu werten zu beobachten

Oft genügt es schon, unsere Gefühle beim Essen zu beobachten, unsere Körperhaltung wahrzunehmen und darauf zu achten wie schnell wir gerade essen.

Entschleunigung ist das wirkungsvollste Mittel, um alte Essgewohnheiten zu durchbrechen. Nehmen Sie Ihr Essen mit allen Sinnen wahr und kosten Sie jeden Bissen voll aus!" Ich nahm mir dann fest vor, das empfohlene Achtsamkeitstagebuch und die empfohlenen "Notizen im Hier und Jetzt" in Bezug auf mein Essen zu führen und vergass es einfach immer wieder, bis ich gar nicht mehr daran dachte. Ich ertappte mich regelmässig, wie ich unbewusst etwas in meinen Mund steckte und völlig ohne Genuss runterschluckte. Und obwohl ich mich dabei ertappte, gelang es mir nicht, zu verlangsamen. Ich befand mich gerade in einer Lebensphase mit zusätzlichen Verpflichtungen, welche ich als Überforderung empfand. Dadurch war ich oft so im Stress, dass ich mich nicht in der Lage fühlte, zu verlangsamen. Mir wurde ausserdem bewusst, dass ich mich unvermutet in der Küche wiederfand, wenn ich am Schreibtisch nicht weiterkam oder wenn ich vage Gefühle von Unwohlsein oder Unstimmigkeit hatte. Warum war ich so häufig nicht wirklich präsent? Warum waren meine Gedanken immer noch so unglaublich aktiv?

Im Laufe meiner Ausbildung in Somatic Experiencing (Traumaheilung nach Peter Levine) wurde mir immer deutlicher, wie dissoziiert oder angespannt ich oft war, trotz Meditation und guter Wahrnehmungsfähigkeit meiner Körperempfindungen. Auch mein innerer Beobachter (sich entspannt und ohne zu werten beobachten) war gut installiert. Aber eben nur solange ich entspannt war! Ich musste mir eingestehen, dass mein Nervensystem, das einer traumatisierten Person war.

In Larry Hellers Buch "Entwicklungstrauma heilen" begegnete mir eine treffende Aussage: "Traumatisierte Menschen, zu denen in unterschiedlichem Ausmass die meisten von uns gehören, brauchen Therapieansätze, die sich der gestörten Balance des Nervensystems ebenso zuwenden wie Identitätsproblemen. Viele Menschen erkennen die von Tolle angesprochene Kraft des "Jetzt" durchaus an, sind aber durch die gestörte Regulierung des Nervensystems gar nicht in der Lage, im gegenwärtigen Moment zu bleiben. Dieses Ideal zu verfehlen, ist für Menschen mit Traumahintergrund dann einmal mehr ein Grund, sich selbst schlecht zu machen."

Die Arbeit mit Somatic Experiencing hat mir in den vergangenen Jahren enorm geholfen. eine bessere Regulationsfähigkeit meines Nervensystems zu entwickeln. Bezüglich meines Gewichts hätte ich zwar nichts dagegen, noch drei bis vier Kilo zu verlieren, aber die Energie ist aus dem Thema völlig draussen und ich esse um Etliches bewusster.

In der heutigen Zeit sind unsere Nervensysteme grossen Belastungen ausgesetzt. Die Arbeit von Peter Levine kann hier eine grosse Hilfe sein. Das Folgende ist ein Versuch, verkürzt die Grundzüge von Somatic Experiencing aufzeigen:

Traumen sind Bestandteil unsres Lebens. Ein Trauma entsteht, wenn unser Nervensystem durch ein plötzliches Ereignis (wie Unfall, Naturkatastrophe, emotionaler Schock) oder andauernde Belastungen (etwa Missbrauch in der Familie) so überfordert wird, dass es nicht mehr zu seinem gesunden Gleichgewicht zurückfindet. Als Folge davon ist der natürliche Rhythmus von Spannung und Entladung, und damit auch die Fähigkeit im "Hier und Jetzt" zu sein, gestört.

Was als ein Trauma erlebt wird, kann individuell sehr verschieden sein. Hierzu hat Peter Levine, der Begründer der Traumaheilung Somatic Experiencing, den berühmten Satz geprägt: "Ein Trauma liegt nicht im Ereignis, sondern im Nervensystem." Ein traumatisiertes Nervensystem reagiert entweder mit einem Zustand der Übererregung oder der Erstarrung oder mit einer Kombination von beiden. Übererregung zeigt sich etwa durch Nervosität, Ruhelosigkeit, Angstattacken, Schlafstörungen. Die Erstarrung führt u.a. zu Dissoziation, zu Kontaktverlust sowohl zum eigenen Körper als auch zur Umwelt, zu chronischem Energiemangel, zu Depression, Gefühlen von Hilflosigkeit.

Somatic Experiencing arbeitet sehr resourcenorientiert und mit Schwerpunkt auf den Körperempfindungen. Einfach gesagt, wird die traumatisierte Person aufgefordert, eine Situation, welche als sicher erlebt wird, im Körper zu orten und wahrzunehmen. Mit zunehmender Stabilisierung hilft der Therapeut dem Klienten sich in kleinen Portionen, Stück für Stück dem traumatischen Ereignis zu stellen. Durch den Prozess der Verlangsamung erhält das Nervensystem die Zeit, die biologische Abwehrreaktion von Kampf bzw. Flucht abzuschliessen und so zu einem gesunden Rhythmus von Spannung und Entladung zurückzufinden. Er erst dann ist es möglich im Körper präsent und ganz im "Hier und Jetzt" zu sein.

Vieles im Leben können wir alleine bewerkstelligen, aber manchmal ist es sinnvoll, sich ein Stück Begleitung zu holen. Dazu kommt mir öfters eine Aussage aus dem "Kurs in Wundern" in den Sinn: "Das Himmelreich können wir nur Hand in Hand betreten."

Autorin:
Martina Rickenbach, Aarstrasse 98, 3005 Bern
www.martinarickenbach.ch

Lichtperlen auf meinem Weg...

Ein neu geschenkter Tag ...welch kostbares Glück und Freude mich erfüllt. Ich spüre den Atemfluss und lausche meiner inneren Stimme. Von draussen dringt Vogelgezwitscher in die morgendliche Stille. Eine leichte Brise dringt durch das leicht geöffnete Fenster. Dankbarkeit und Freude erfüllt mich, ich spüre meinen Atemrhythmus, das Herz klopft regelmässig und so starte ich voller neuer Lebensfreude in diesen neuen geschenkten Tag. Es sind viele solcher Tage geworden seit ich mich entschlossen habe, meiner Lebensaufgabe Zeit und Raum zu schenken und mein Licht leuchten zu lassen. Seit ein paar Jahren begleite ich in meiner Licht- Energie- und Seelenarbeit Menschen auf ihrem Weg. Sie entdecken wieder die Verbindung zu ihrer eigenen Seelenkraft, ihrem eigenen Potenzial und Talenten. Sie verbinden sich wieder mit ihrem göttlichen Funken hin zur Eigenverantwortung.

Wie ist es dazu gekommen? Welche Lernschritte haben dazu geführt um dies zu erkennen?
Seit ich denken kann, hat mich meine Sensitivität und Verbindung zur geistigen Welt begleitet. Ich habe mich für die Seele, für das was den Menschen berührt und bewegt interessiert. Dazu kam, dass ich die meiste Freizeit in der Natur verbrachte. Noch heute geniesse ich diese kostbaren Momente um mit den Engeln, den Bäumen, den Pflanzen und den Naturwesen zu kommunizieren und zu lauschen.
Als lernbegeisterter Mensch interessierten mich viele Themen und Entwicklungsschritte. So bildete ich mich in den Bereichen Yoga, Meditationen, Mentaltraining und Mental Coaching, Mediale Beratungen, Engelkontakte und HUNA (altes hawaiianisches Heilwissen), Matrix-Quantenheilung und vieles mehr weiter aus. Auf meinem beruflichen Weg in den Bereichen Medizin, Personal- und Schulungswesen und als Flugbegleiterin kam ich mit sehr vielen Menschen und ihren Lebenswünschen und Sehnsüchten in Kontakt.

Ich bin 1952 geboren und wuchs in einer grossen Familie auf. Schon früh musste ich lernen selbständig zu sein und Pflichten zu übernehmen. Meine Sensitivität konnte ich nicht mit anderen teilen, diese Welt lebte ich im Verborgenen. Es war selbstverständlich, dass ich mich nach den Erwartungen von Aussen anpasste und immer bestrebt war, dass es meinem Umfeld gut geht ohne meine Wünsche und Ansichten zu platzieren, das gehörte sich nicht. Viele Glaubensätze wiederholten sich mantramässig wie „Sei bescheiden, lasse anderen den Vorrang, dränge dich nicht in den Vordergrund etc. Meine Energie widmete ich dem Sport im Bereich Kunstturnen, Trampolinspringen und Leichtathletik. Dort konnte ich mich Ausdrücken und in Wettkämpfen messen. Mit 20 Jahren besuchte ich einen viermonatigen Sprachaufenthalt in England und zog anschliessend aus dem elterlichen Heim aus. Ich genoss es, meine eigene Wohnung zu haben und all die Annehmlichkeiten der eigenen Entscheidungen. Vieles durfte ich lernen, erkennen und verändern. Da gäbe es noch vieles zu erzählen…

Doch ich möchte aus einer Zeitspanne zwischen dem 40. und 44. Lebensjahr erzählen. In dieser Zeit durchlebte ich parallel viele tief bewegende und einschneidende Erlebnisse. Sie haben tiefe Spuren in meiner Seele hinterlassen und waren wegweisend für meine weitere Seelenentwicklung. Nach einem Unfall durchlebte ich eine tiefe Sinnkrise und entdeckte dadurch wieder meinen Seelenursprung und die Verbindung zur geistigen Welt öffnete sich ganz.

Was hat sich in diesen Jahren konkret ereignet?
Begonnen hat es schon ein paar Jahre zuvor, nach der Fehlgeburt unseres zweiten Kindes. Nach diesem tiefgreifenden Erlebnis wurde ich des Öfteren von Ängsten heimgesucht ohne dass ich diese benennen konnte. Medizinisch wurde eine psychosomatische Problematik diagnostiziert. Das hiess, mit Medikamenten kurzfristig die Ängste abblocken, unterbinden, so dass ich den Alltag normal gestalten konnte. Nach einer gewissen Zeit war ich davon vermeintlich befreit. Ich wurde nochmals schwanger und wir durften im Dezember 1990 unsere Tochter voller Freude und Glück empfangen. Die Freude darüber war sehr gross, dieses Glück nochmals erleben zu dürfen und mit unserem Erstgeborenen Sohn zu teilen. Alles schien bestens und ich war so glücklich über unser Familienglück.
Mit dem 40. Lebensjahr, also im Jahr 1992 begannen dann wieder die Angstanfälle, sie ereilten mich plötzlich und zu jeder Tages- oder Nachtzeit. Ganz heftig war es zwischen dem 41. und 43. Altersjahr. Jeder Gedanke war geprägt von Angst und Unsicherheit. In den Minuten und Stunden der Angstanfälle litt ich an Todesängsten und war unfähig klar zu denken oder erlaubte mir gar nicht mehr aus der Wohnung zu gehen. Es gab Phasen da suchte ich die Notaufnahme auf, weil ich dachte, dass etwas mit meinem Herzrhythmus nicht stimmte. Begleitet waren diese Anfälle mit folgenden Symptomen: Atemnot, sehr hoher Puls bis 220 und mehr, Ohnmachtsgefühl, trockener Mund durch Hyperventilieren und Zeichen von Schwächeanfall. Jedes Mal wurde ich wieder entlassen mit der Bemerkung, wir können es uns auch nicht erklären, es ist eine psychosomatische Prob-

lematik. Einmal mehr! Ein glücklicher Zufall brachte die ersehnte Hilfe. Ich musste mit unserem Sohn eine Legasthenie-Abklärung bei der Schulpsychologin machen. In dieser Besprechung nahm das Gegenüber meine Ängste wahr und sprach mich darauf an. So öffnete sich mir der Weg für eine psychologisch, therapeutische Begleitung. Eine Verhaltenstherapie nach Carl Rogers. Dort entdeckte ich die Ursachen meiner Ängste und eine Innenschau brachte neue Sicht- und Verhaltensweisen hervor. Mehr und mehr entdeckte ich meine eigenen Talente und Ressourcen und nahm die äusseren Erwartungshaltungen klarer war. Eine neue Blickrichtung öffnete sich.

Zusätzlich litt ich ab dem 42. Altersjahr an sehr starken Kopfschmerzen, einen sogenannten Cluster Kopfschmerz, verbunden mit der monatlichen Menstruation. Das dauerte immer ganze drei Tage, in denen ich nicht funktionsfähig war. Anschliessend fühlte ich mich aber immer schnell wieder vital. Dieser Kopfschmerz begleitete mich bis zur Menopause mit 54 Jahren. Parallel zu diesen Kopfwehattaken im gleichen Jahr wurde ich mit der Krebsdiagnose meiner 13 Jahre jüngeren Schwester konfrontiert. Sie war damals erst 28 Jahre alt und seit drei Monaten glücklich verheiratet. Vier lange Jahre dauerte ihre schmerzvolle Auseinandersetzung mit dieser Krankheit, mit diversen Chemotherapien und monatelangen Spitalaufenthalten, bevor sie 1998 wieder in die geistige Welt zurück kehrte. Die Beziehung zu meiner Schwester war sehr innig, da ich sie in den ersten sieben Jahren ihres Lebens viel betreute. Unsere Eltern waren sehr beschäftigt und arbeiteten viel. Nach meinem Auszug aus dem elterlichen Heim blieben wir immer in Verbindung und ihr grösster Wunsch war auch eine Familie zu gründen und Kinder aufwachsen zu sehen. Dieser einschneidende, oft nicht auszuhaltende Zustand, löste zusätzliche Ängste aus. Ängste vor dem Tod, dem Sterbeweg. Löste Hilflosigkeit und Schuldgefühle aus. Jahre wo ich einfach funktionierte. Jeder Tag wurde zur Herausforderung.

Mit 43 Jahren kam dann die nächste grosse Hürde. Mein Mann, Partner und Vater unserer Kinder wurde von einem Tag auf den anderen arbeitslos. Er war in der Baubranche, im Architekturwesen als Angestellter tätig. Zu diesem Zeitpunkt war er 48 Jahre alt und der Arbeitsmarkt war damals auf junge Arbeitnehmer fixiert. Er bewarb sich intensiv und nährte immer seine hoffnungsvollen Gedanken. Doch der Erfolg blieb vorerst aus. Zwei Jahre war er arbeitslos. In dieser Zeit wechselten wir das Arbeitspensum. Ich konnte auf 100% aufstocken und mein Mann entwickelte sich zum umsichtigen Hausmann. Ein Inserat brachte zwei Jahre später neue Hoffnung und so begann seine berufliche Selbständigkeit. Erfolgreich setzte er sein ganzes Engagement in diese Aufgabe und ist heute noch sehr glücklich über diese Fügung.

Der Start in seine Selbständigkeit wurde durch einen schweren Sturz auf Glatteis meinerseits getrübt. Am Weihnachtstag 1996 stürzte ich vor unserem Haus die Steintreppe hinunter. Über Nacht fiel Eisregen und der ganze Boden war mit einer Eisschicht überzogen. Ich wurde vom obersten Tritt in die Luft katapultiert und landete auf dem Gesäss auf der Treppe, bis ich auf dem Vorplatz zu liegen kam. Ich nahm das dann alles nicht mehr wahr, da ich längere Zeit ohnmächtig war. Eine Passantin fand mich zu dieser frühen Stunde um 06.45 Uhr trotz Dunkelheit. Der Krankenwagen brachte mich in das Spital und dort erwachte ich mit furchtbaren Schmerzen. Wie eine grosse Wunde am ganzen Körper fühlte es sich an. Zwölf Stunden lag ich hinter einem Vorhang in der Notfallstation, wo sich ab und zu jemand meldete aber nichts unternahm, weder Schmerzmittel noch eine Decke erhielt ich. Es war fast nicht zum aushalten. Später erfuhr ich, dass an diesem besagten Tag 65 Notfälle, zum Teil mit schweren Frakturen, eingeliefert wurden. Ich lag zwei Monate im Spital, aber erst nach zehn Tagen, auf mein Drängen hin, wurde ich genauer untersucht. Eine lange Verletzungsliste zeigte sich: drei Lendenwirbelvorsätze waren gebrochen, die ganze Wirbelsäule gestaucht mit Schleudertrauma, Nierenquetschung, Beckenriss und einiges mehr. Danach erfolgten sechs Jahre Therapiearbeit. In dieser Phase meines Lebens lernte ich fast alle Therapieformen kennen die auf dem Markt waren wie zum Beispiel: Diverse Physiotherapeutische Massnahmen, Cranio Sakrale Therapie, Rolfing, Shiatsu, Bioresonanztherapie, Osthepatie, Alexander Technik, div. Heilverfahren um nur einige zu nennen. Eine tief bewegende und lehrreiche Lebensphase. Ich musste wieder ganz von vorne beginnen meinen Bewegungsapparat optimal zu lenken. Diese tiefe Sinnkrise brachte mich wieder mit meiner Seele, meinem Seelenauftrag in Kontakt.

Was durfte ich durch all diese tiefgreifenden und sehr schmerzvollen Prozesse erfahren? Es geschah etwas sehr kostbares. Ich durfte ganz in meiner Seele, in meinem Sein, in meiner Einzigartigkeit ankommen. Ich entdeckte meine Lebensziele, meine Lebensaufgabe und meine Selbstliebe. Ich durfte erfahren, dass ich immer begleitet bin und das hat mein ganzes Vertrauen gestärkt. Diese intensiven Lernjahre haben mich wieder zurückgeführt an meinen Seelenursprung. Schon als Kind, seit ich denken kann, hat mich meine Sensitivität und Verbindung zur geistigen Welt begleitet. Es war für mich selbstverständlich, mich mit meinen Engeln und den Naturwesen zu unterhalten. Doch war ich mit diesem Fühlen und Sehen damals allein, weil die Erwachsenenwelt dies nicht akzeptieren konnte. So lebte ich es nur im Versteckten, bis ich es schlussendlich nicht mehr pflegte. Meine Seele suchte sich den Weg, so dass ich meinen Seelenplan erfüllen kann. So waren diese tief berührenden und einschneidenden Lebenssituationen ein Geschenk des Himmels. Ich habe gelernt, meine Schüchternheit abzulegen, Verantwortung für mein eigenes Leben zu übernehmen, immer wieder mutige Schritte zu wagen, meinem Herzen zu lauschen, meinen Talenten und Ressourcen Beachtung zu schenken und mein Licht leuchten zu lassen. Ich habe mich schon immer für die Seele, das was den Menschen berührt und bewegt, interessiert.

Ich bin angekommen in meiner Berufung, in meiner Licht- Energie- und Seelenarbeit. Ich bin sehr dankbar und glücklich, dass ich Menschen auf ihrem Weg begleiten darf, Ihren Seelenursprung zu entdecken.

Ein grosses Dankeschön spreche ich meiner Familie, meinem Partner und unseren wunderbaren Kindern aus. Wir durften gemeinsam wachsen an diesen Lebensaufgaben und lernten einander Raum zu schenken für die persönliche Seelenentwicklung. Ein besonderer Dank an meine Engel, Geist- und Seelenführer und Gottes bedingungslose Liebe, sie waren immer zugegen bei Tag und bei Nacht.

Ich hoffe, dass meine Geschichte Mut schenkt, für sein Leben einzustehen, auch wenn die Wogen des Lebensflusses manchmal hohe Wellen schlagen und sich Hilflosigkeit und Ängste zeigen. Das Leben ist ein so kostbares Geschenk. Erlaubt Euch, Euer Licht, Euren göttlichen Funken zu entdecken ohne den Erwartungshaltungen von aussen zu genügen. Wir sind alle Einzigartig, wir sind geistige Wesen die eine menschliche Erfahrung machen. Dies zu erkennen schenkt Lebensfreude und reich gefüllte Lebenszeit.

So freue ich mich jeden Tag von Neuem mit meinem geistigen Team, Menschen in die Freude, die Leichtigkeit und die Liebe zu sich selbst und dem Leben zu begleiten auf dem Weg zum inneren Garten und in das eigene Seelenwissen. Manchmal katapultiert uns das Leben aus dem gewohnten Rhythmus - der Komfortzone, um die Lichtperlen auf dem Weg zu entdecken.

Und so freue ich mich auf weitere geschenkte Tage - welch grosser Segen!

Autorin:
Margaretha Meenah Elisah Kradolfer
St. Alban - Vorstadt 24, 4052 Basel
www.lichtperlen.ch

Tantra und Sexualtherapie in Basel

„Vor das Gästebuch gezerrt ist immer ein Verdruss,
es ist wie aufs WC gesperrt, obwohl man gar nicht muss…"

Dieser Satz fiel mir spontan ein, als ich mich heute vor den PC setzte und das leere Word-Dokument aufrief – so, wie er mir oft als erstes einfällt, wenn ich irgendwo was Schlaues hinschreiben soll. Als die Mail kam vom Verlag Gesund, dass Therapeuten die Möglichkeit bekommen sollen, selbst erlebte Geschichten zu Papier zu bringen, damit daraus ein Buch entstehe, habe ich mich gleich voller Elan dafür gemeldet. Das kann doch nicht so schwer sein… Jetzt kommen mir die Zweifel. War ich nicht etwas zu mutig? Jetzt habe ich den Salat, sitze hier, und die Tastatur grinst mich an.

Was ich wohl schreiben soll? Etwas von mir, etwas Persönliches? Oder lieber etwas aus meiner Arbeit, etwas von Klienten, das ist doch unverfänglicher? Soll ich einfach mal losschreiben und dann hinterher entscheiden, ob ich das wirklich abschicke?

Diesen August habe ich meinen 50. Geburtstag gefeiert. Die Zahl empfand ich einerseits erschreckend, andererseits bin ich sehr froh, dass mein Leben jetzt sehr viel entspannter ist als in jungen Jahren. Ich habe zu mir gefunden, das war wirklich nicht leicht und hat jahrelange Mühe erfordert. In der DDR, also in einer Diktatur, geboren und aufgewachsen, hatte ich wenig Möglichkeiten, mein Selbstwertgefühl aufzubauen und zu stärken. Weder das Elternhaus noch die Schule wirkten da in irgendeiner Weise unterstützend, um es einmal vorsichtig auszudrücken.

Meine berufliche Entwicklung ging auch erst einmal einen völlig anderen Weg. Ich studierte industrielle Elektronik. Für eine Frau in der DDR durchaus nichts Ungewöhnliches, wir hatten keine Scheu vor der Technik. Ich fand es auch cool, in einer Männerdomäne zu arbeiten und mehr männliche als weibliche Kollegen zu haben. Erst viel später habe ich den Mechanismus dieser Berufswahl durchschaut: Als Kind bekam ich immer nur dann Aufmerksamkeit von meinem Vater, wenn ich mich für etwas Technisches interessiert habe: das Auto, die elektrische Eisenbahn, der Plattenspieler… so hat sich mein Unterbewusstes dann folgerichtig erst einmal für einen technischen Beruf entschieden.

Bald bemerkte ich jedoch, dass mich das nicht glücklich machte – vor allem, dass mein Leben dabei auf der Strecke zu bleiben schien. Einem Freund gegenüber habe ich es mal so beschrieben: ich fühle, dass ich auf der Suche bin, aber ich weiss nicht, wonach! Ich begann, mich für Psychologie zu interessieren, um mich selber besser verstehen zu lernen. Irgendwie hatte ich das Gefühl, ich muss mir selber helfen, denn von aussen gibt es keine Hilfsangebote – in der DDR schon gar nicht.

Besser wurde es, nachdem ich im Jahr 1989 über Ungarn in „den Westen" fliehen konnte. Hier kam ich dann nach einigen Jahren zum Tantra und zur Sexualtherapie – erst einmal aus eigener Betroffenheit. Und ich wollte mehr darüber wissen, fand das Thema ganz spannend, wollte erfahren, wie die Dinge zusammenhängen und funktionieren.

Vorhin erwähnte ich, dass ich auf der einen Seite froh bin, 50 zu sein: ich muss es nicht mehr anderen recht machen, sondern mach es mir selber recht, und es stört mich nicht mehr, wenn damit jemand nicht zurecht kommt, denn ich bin nicht auf dieser Welt, um die Erwartungen von anderen zu erfüllen. Nur leider werden gerade wir Frauen von klein auf so erzogen, die Erwartungen anderer zu erfüllen: die Erwartungen der Eltern, der Lehrer, des Partners... und beim letzteren gerade auch die Erwartungen in der Sexualität.
Das Thema Sexualität ist voll von Mythen und Halbwahrheiten. Die Sexualität, wie wir sie heute erleben, ist immer noch von männlichen Normen und Wertvorstellungen geprägt. Diese lassen das natürliche Empfinden der Frau völlig ausser acht. Und statt frau in sich hinein fühlt und ihre Bedürfnisse erkundet, versucht sie sich dem Mann und seiner Funktionsweise anzupassen, und wenn das (natürlich) nicht gelingt, glaubt sie, mir ihr stimme etwas nicht. Und um den Partner nicht zu verlieren, passt sie sich seinen Erwartungen und Normen an. Das Ergebnis ist, dass beide unglücklich sind in der Beziehung und mit ihrer Sexualität.

Und das ist für mich mit 50 anders als mit 20: Ich bin nicht mehr davon abhängig, ob mich ein Mann toll findet. Ich weiss, was ich bin – und wenn mich einer nicht toll findet, gut, das kann er gerne machen, aber das ist sein Problem, das hat mit mir nichts zu tun. Das lehrt auch das Tantra: ich bin ein liebenswertes und erotisches Wesen, noch bevor mich ein Mann (oder eine Frau) anschaut. Ich mag mich selbst, habe etwas zu verschenken und bin nicht darauf angewiesen, dass mir jemand anders mein emotionales Töpfchen füllt.
Diesen Ansatz verfolge ich unter anderem in meiner sexualberaterischen Arbeit mit Klienten: Es geht als erstes darum, das Selbstwertgefühl zu stärken und anzuerkennen, dass auch in einer Beziehung

jeder ein Individuum bleibt. Nur wenn das gelingt, bleibt es spannend, kann das erotische Feuer am Leben erhalten werden. Wer jedoch versucht, dem Partner alles recht zu machen, wird schnell langweilig. Erotik lebt von der Spannung des Unbekannten und Unerwarteten!

Die verschlungenen Lebenswege haben mich von Dresden über Ludwigsburg (Stuttgart) nun nach Basel geführt. Das war nicht immer einfach, und die Veränderung war nicht immer gewollt. Auf diesem Weg musste ich von einigen lieben Weggefährten Abschied nehmen. Das gehört zum Leben. Nur wenn wir bereit sind, Türen zu schliessen, gehen neue auf. In Basel haben sich mir viele neue Möglichkeiten eröffnet – aber erst, als ich bereit war, Ludwigsburg loszulassen. Auch wenn manchmal das Gefühl des Entwurzeltseins auftaucht, die Arbeit mit den Klienten und Teilnehmern macht mir sehr viel Spass.

Nun ist es doch persönlich geworden…

Autorin:
Padmini Anne Davidis
Gerbergasse 14, 4001 Basel
www.lust-auf-leben.ch, www.padmini.eu

Mein Weg mit der Zentherapy®

Vor mehr als 12 Jahren habe ich auf Hawaii meine erste Erfahrung mit der Zentherapy® als Klientin gemacht. Als Sportlerin und ETH-Sportlehrerin hatte ich schon verschiedene Massagetechniken am eigenen Körper erfahren.
Doch die Zentherapy® hatte Auswirkungen wie keine andere Technik zuvor. Nach meiner ersten Session bei einem Zentherapy®-Practicioner fühlte sich mein Körper viel grösser und offener an, die ständigen Verspannungen im oberen Rückenbereich waren verschwunden. Ich hatte förmlich das Gefühl, aus dem Raum zu schweben, so leicht fühlte ich mich.

Im Verlauf der zweiten Session wurden neben körperlichen Veränderungen auch Gefühle ausgelöst, die ich damals noch nicht einordnen konnte. Unmittelbar nach der Sitzung fühlte ich mich wieder ganz leicht und gelöst. Doch zurück in meiner Unterkunft, fanden die in der Therapiesitzung ausgelösten Gefühle ihren Weg nach draussen und ich konnte ihnen endlich freien Lauf lassen. Danach fühlte ich mich erleichtert und frei wie ein Kind. Alte Lasten, die ich seit so vielen Jahren mit mir herumgeschleppt hatte, waren von meinen Schultern gefallen.

Das war für mich neu, speziell, einzigartig. Ich wollte selber diese wertvolle Arbeit erlernen und so auch meinen Mitmenschen ermöglichen, freier zu werden, Schmerzen loszulassen, sich selber besser zu spüren, sich selber zu sein und danach zu handeln. Ab sofort praktizierte ich regelmässig Zazen - die wertvollste Übung auf dem Zentherapy®-Weg.

Mit jedem Kurs der Zentherapy®, den ich absolvierte, wurde mir noch klarer, welchen Wert fürs Leben, welches Geschenk ich erhalten hatte. Und ich wollte und will dies weiterschenken. Frei werden von Ängsten, die Gewissheit haben, dass - egal welches Schicksal mich ereilt - ich immer wieder meinen Weg finde und unbeirrt weiter schreite. Dies ist ein hohes Gut. Um nichts in der Welt würde ich diese Erfahrungen missen wollen.

Zentherapy® ist für mich:

• der unmittelbare Weg zu mehr körperlichem und selischem Wohlbefinden
• der direkteste Weg zum Selbst, zu meinem Innersten

- der einfachste Weg, das Innere nach aussen zu bringen: mich selbst zu sein

Erfahrungsbericht von M.B.

Zentherapy® löst bei mir Assoziationen aus wie Mut, Lebensfreude, tolles Körpergefühl, Vertrauen.

Im Herbst 2009 wartete ich auf ein Wunder: Wir hatten für Dezember einen Flug nach Guadalajara (Mexiko) gebucht. Im November sollte dort unser erstes Enkelkind zur Welt kommen. Die Freude auf dieses Ereignis war riesig, die Angst aber auch.

Seit Jahrzehnten litt ich unter häufigem Schwindel und an Angstzuständen bis hin zu heftigen Panikattacken. Die Vorstellung, zwölf Stunden in einem Flugzeug eingesperrt zu sein, Menschen und Technik ausgeliefert, liess mich beinahe verzweifeln. Aber ich wollte es unbedingt schaffen!

Da lernte ich Nicole kennen. Sie erzählte mir von der Zentherapy und machte mir mit ihrem unvergleichlichen Optimismus Mut. Sofort vereinbarten wir einen Termin.
Schon während der ersten Sitzung wusste ich tief in mir drinnen, dass ich angekommen, dass ich das Richtige gefunden hatte.

Nach einer intensiven Zeit mit zwei Sitzungen pro Woche sass ich dann tatsächlich im Flieger, ruhig und voller Vertrauen. Nach einer völlig problemlosen Reise landeten wir überglücklich in Guadalajara. Unfassbar für mich und meine Familie, welche mich die ganze Zeit ermutigt und unterstützt hatte. Voller Dankbarkeit durfte ich unseren Enkel und seine Eltern in die Arme schliessen.
Es folgten sechs wunderbare Wochen in einem faszinierenden Land. Ich, sonst immer ein 'Angsthase', bewegte mich in dieser fremden Welt völlig frei, voller Neugierde und Freude.

Zurück in der Schweiz folgten ein paar weitere Therapiestunden. Und seither, das ist nicht übertrieben, bin ich ein anderer Mensch. Es ist schwierig, in Worte zu fassen, was mit einem passiert. Mich hat es aufgerichtet, innerlich und äusserlich. Der Schwindel ist verschwunden, ich bin viel unternehmungslustiger geworden, selbstbewusster, kann offener auf Menschen zugehen. An Stelle von Angst und Zaghaftigkeit stehen jetzt Mut und Vertrauen.

Natürlich gibt es auch immer mal wieder schlechtere Tage. Aber dann ist da keine Spirale mehr, die mich hinunter in einen Strudel zieht und mich festhält.

Zum Schluss noch dies: Jede gute Therapie braucht auch einen guten Therapeuten bzw. eine gute Therapeutin. Mit Nicole habe ich einen wunderbaren Menschen und eine absolut kompetente Therapeutin kennen gelernt. Ihr grosses Fachwissen und ihre Erfahrung machen es möglich, dass man sich als Klient total auf die Zentherapy® einlassen kann.

Danke für alles.
Zentherapy® ist einzigartig.
Das Leben ist schön, unsere nächste Flugreise ist gebucht ….

Erfahrungsbericht von U.+D.W.
Meine Frau geht schon seit mehr als einem Jahr in die Zentherapy®. Ich erlebe, wie es meiner Frau besser geht seither. Seit die Blockaden gelöst sind und der Energiefluss in ihr verbessert wurde ist sie ausgeglichener, viel offener und es gehe ihr auch bei der Arbeit viel lockerer zur Hand, sagt sie.

„Du mit deinem schmerzenden Rücken könntest es auch einmal versuchen", hat sie zu mir gesagt. Seit ich auch in die Zentherapy® gehe, kann ich wieder schlafen ohne von starken Schmerzen aufgeweckt zu werden, denn die Schmerzen beim Liegen im Rücken-und Beckenbereich sind weg. Auch beim Wandern spüre ich keine Schmerzen mehr in den Hüften. Unsere Zentherapeutin zeigt mir immer neue Bewegungsformen und Übungen für den Alltag, die ich zu Hause umsetze und anwende. Ich fühle mich psychisch viel stärker als früher, ich ertrage viel mehr von meinen Mitmenschen. Die Zentherapy® hat auch meinen Spürsinn und die Feinfühligkeit stark verbessert.
Wir gehen weiterhin gerne in die Zentherapy®.

Autorin:
Ciucci Nicole, Hallwylerweg 1, 4852 Rothrist
e-mail: nicole.schmidt@vtxmail.ch, www.jiseidojo.ch

Auswirkungen von frühem Tod in Familien, Hintergründe von Unfällen, Krankheiten, Süchten und Suizid - Ein Bericht der Klientin Barbara über die Heilung ihrer Krankheit

„Der Krug geht zum Brunnen, bis er eben NICHT bricht."

Ich sah einen tiefen, dunklen Brunnen und einen Eimer, der an einem Seil hing. Ich sah, wie der Eimer in den Brunnen hinuntergelassen wurde, und als er aus der Dunkelheit heraufgezogen wurde, war er bis zum Rand mit reinem, klarem Wasser angefüllt.
Ja, in diesem Bild ist mein Leben der letzten Jahre ersichtlich.

Wie oft habe ich in den dunklen Brunnen hinuntergeschaut, doch ich sah immer nur algiges, modriges und schmutziges Wasser. Ja, meine Gesundheit war sprichwörtlich IM EIMER. Die letzten Jahre verbrachte ich immer wieder im Spital. Irgendwann habe ich aufgehört zu zählen. Ich musste bestimmt sieben- bis achtmal ins Spital, um meine Nierensteine herausoperieren zu lassen. Kaum hatte ich mich von einer Operation erholt, durfte ich schon wieder zur nächsten antreten. Mein Körper bildete in schwindelerregendem Tempo immer mehr, immer grössere Nierensteine.
Sämtliche Fachärzte zuckten nur ratlos mit den Schultern. Sie sagten: „Frau R., das ist schon sehr sonderbar. So etwas haben wir noch nie gesehen."
Anfang letzten Jahres war ich wieder im Spital, merkte dann aber zu Hause, dass ich nicht mehr die Kraft hatte, mich neu zu mobilisieren und zu regenerieren. Ich war total niedergeschlagen, kraft- und mutlos, und meinem Körper traute ich schon gar nicht mehr über den Weg. Ich stand an einer Weggabelung und stellte fest, dass ich zwei Möglichkeiten hatte: „Entweder ich mache so weiter wie bisher, hinterfrage nichts und gehe wie immer zur Schadensbegrenzung ins Spital zu einer weiteren Operation, oder ich gehe meinen eigenen Weg, glaube an meine Gesundheit und überlasse sie nicht länger ausschliesslich der Schulmedizin." Meine Haltung war bis dahin immer: „Mein Körper betrügt mich und lässt mich andauernd im Stich." Ich mochte ihn nicht mehr, ich hasste ihn sogar! Er entglitt mir und meiner Wunschvorstellung von Gesundheit. Ich bekam zaghaft und immer wieder in anderer Gestalt Hinweise, dass die Verantwortung für mein Wohlergehen bei mir liegt und ich die Antworten in mir selber finde.

Ich liess meinem Stoffwechselspezialisten gegenüber anklingen, dass seine Anweisungen bisher nur wenig geholfen hatten. Daraufhin war er beleidigt, denn schliesslich ist er einer der renommiertesten Nierenspezialisten der Schweiz. Ich sah mich selber darüber schmunzeln, wie ich mich mit dieser Koryphäe anlegte. Ich war enttäuscht und wollte mich von ihm befreien, denn nach all den Operationen war ich immer noch nicht gesund. Er hingegen fand, ich sei ziemlich widerspenstig und unbelehrbar.

Ich war nun frei, alternative Möglichkeiten zu suchen und einen neuen Weg einzuschlagen. Ich suchte eine Bioresonanz-Therapeutin auf, die mir von einer Freundin empfohlen wurde. Sie entnahm mir einen Blutstropfen aus dem Finger und riet mir eine Woche später: „Es ist Zeit für einen Neuanfang. Machen Sie sich keine Sorgen, die Nierensteine haben absolut nichts mit einer Schwermetallbelastung oder falscher Ernährung zu tun. Ich rate Ihnen dringend, schauen Sie bei sich selber hin! Ihre ganzen Gefühle wie Wut, Misstrauen, Trauer und Resignation haben Sie innerlich versteinern lassen. Ihre Nierensteine sind ein Ausdruck davon. Ich empfehle Ihnen eine Systemische Familienaufstellung." „Eine was?", wollte ich von ihr wissen. Ich hatte nur am Rande davon gehört und begann, mich bei Freundinnen nach deren Erfahrungen zu erkundigen. Diese gaben mir nicht nur positive Rückmeldungen, aber das war mir egal. Ich wollte das machen. Das Wasser stand mir ja schliesslich bis zum Hals. Seit Jahren war ich immer wieder im Spital, war nicht mehr arbeitsfähig und kriegte finanzielle Unterstützung von der Invalidenversicherung. Ich hatte all dies wirklich satt!

Bald darauf lernte ich Ursula Garo kennen. Bei unserem ersten Telefongespräch erzählte ich ihr von meinen vielen Nierensteinoperationen. Sofort fragte sie mich: „Wer in Ihrer Familie ist früh verstorben?" „Wieso wollen Sie das wissen?", fragte ich sie.

„Ihre Krankheitsgeschichte weist darauf hin, dass ein Teil Ihrer Seele sterben möchte und Sie sich deshalb immer wieder die Nierensteine kreieren. Sie tragen einen unbewussten, inneren Konflikt mit sich herum, und zwar schon seit frühester Kindheit. Ich nenne diesen inneren Zwiespalt „Todessehnsucht". Ein Teil Ihrer Seele möchte leben und das Leben in vollen Zügen geniessen und ein anderer Teil möchte zu einem frühverstorbenen Familienmitglied. Ob Sie diese Person gekannt haben oder von ihr bewusst nichts wissen, spielt dabei keine Rolle. Sie flirten bei jeder Operation sprichwörtlich immer wieder mit dem Tod", erklärte sie mir. „Überlegen Sie, wer ist bei Ihnen früh gestorben?", hakte sie nach.

„Mein Vater starb, als ich 14 Jahre alt war", gab ich ihr zur Antwort. „Ich vermisse ihn immer noch sehr. Am liebsten wäre ich bei ihm."

„Ja", sagte Ursula, „das ist genau das, was ich mit der Todessehn-

sucht meinte." Ursula machte bald darauf eine Sitzung in Systemi-
scher Kinesiologie mit mir. Als Vorbereitung füllte ich einen mehr-
seitigen Fragebogen zu meiner Familiengeschichte aus. Aus meinen
Angaben erstellte Ursula ein Genogramm. In ihm findet sie die Antworten zu meinen körperlichen und psychischen Problemen. Ein
Genogramm ist eine piktografische Darstellung. Es ist viel ausführli-
cher als ein Stammbaum und enthält alle Angaben zu Todesfällen,
Krankheiten, Unfällen und sonstigen wichtigen Ereignissen aus der
Familiengeschichte.

Mein Unterbewusstsein speichert alles, was ich während meines
Lebens erlebt habe, alles was ich aus früheren Generationen an emotionalen Traumen vererbt bekommen habe und alles, was ich aus
früheren Leben mitgebracht habe. Ich allein weiss die Ursachen, die
zu Krankheiten und Unfällen in meinem Leben geführt haben, jedoch
leider nicht bewusst. In der Einzelsitzung arbeitet Ursula mit dem
Muskeltest und kann dieses tiefe, unbewusste Wissen anzapfen.

So fanden wir heraus, dass ich zwar meinen Vater noch nicht losge-
lassen hatte, dass mich die Todessehnsucht meiner Mutter aber viel
mehr belastete als der Tod meines eigenen Vaters. Ich war überrascht
und erstaunt. Diese Verstrickungen sind immer sehr individuell, je
nachdem, welche Traumen man von den Vorfahren übernommen hat.
Meine Mutter war enorm belastet. Sie hatte zwei Männer verloren,
die sie liebte. Meinen Vater und ihren eigenen Vater. Ihn verlor sie
sehr früh. Sie war gerade mal sechs Jahre alt, als ihr Vater im Krieg
umkam. Ihre Familie wurde vertrieben und verlor Hab und Gut. Meine Mutter hatte ihren Vater nie loslassen können, daher trug sie einen
unbewussten Todeswunsch in sich, den sie an mich weitergab. „Wieso genau hatte sie diese Todessehnsucht?", fragte ich Ursula. Wir
waren mittlerweile per Du. „Kannst du mir das nochmals in anderen
Worten erklären? Ich möchte es wirklich verstehen."

„Ja, das mache ich gerne: Wenn ein Kind früh seinen Vater oder
seine Mutter verliert, will es natürlich bei seinen Eltern sein, denn sie
sind für das Kind das Zentrum seines Lebens. Es ist von ihnen total
abhängig und nimmt alles ungefiltert auf. Und wenn ein Elternteil
stirbt und im „Totenreich" weilt, möchte das Kind auch dorthin. Es
möchte bei Mama und Papa sein, egal wo sie sind. So ging es auch
deiner Mutter, sie wollte die ganze Zeit zu ihrem Vater. Der Tod
deines Vaters hat ihren Todeswunsch nochmals verstärkt. Schon wie
damals als Kind blieb sie wieder alleine zurück. - Barbara, wie ist es
deiner Mutter in ihrem Leben ergangen? Hatte sie Krankheiten oder
Unfälle?" - „Jetzt, wo du das sagst, fällt mir auf, sie hatte Eierstock-
krebs und hat sogar versucht, sich das Leben zu nehmen!", antwortete
ich. „Meinst du, das steht im Zusammenhang mit dem Tod ihres
Vaters?", staunte ich.

„Ja, klar! Aus meiner Erfahrung mit Tausenden von Familiensystemen kann ich dies mit Sicherheit behaupten. Deine Mutter hatte nicht nur selber diese Probleme, sondern hat ihren Todeswunsch auch auf dich übertragen. Du lebst ihn durch die immer erneute Bildung von Nierensteinen auch für sie mit aus. Bei jeder Operation setzt du dich wieder einem erneuten Risiko aus", erklärte mir Ursula.

Weiter führte sie aus: „Die unbewusste Liebe in einer Familie ist enorm stark. Aus Liebe zu unserer Familie ist jeder von uns bereit, für seine Vorfahren zu leiden, Krankheiten zu übernehmen, unglücklich zu sein oder eben sogar zu sterben.

Glücklicherweise ist unser Lebenswille meistens viel stärker als unsere „Flirtversuche mit dem Tod". Alles, was Ursula mir erklärte, war leicht verständlich und sehr einleuchtend. Nach dieser ersten, sehr aufschlussreichen Kinesiologiesitzung, war ich sehr gespannt auf das Familienaufstellungs-Seminar, welches drei Wochen später stattfand. Ich musste zwar erst etwas schlucken und mich überwinden, denn ich befand mich inmitten von fremden Menschen, die mir womöglich in die Seele hineingucken würden. Sie könnten mich ablehnen, blossstellen und verurteilen. Meine Zweifel lösten sich schnell auf, und ich spürte, dass alle Anwesenden mir wohlgesinnt waren. Ich fühlte mich sicher und geborgen. Ich merkte, dass die anderen auch Probleme hatten, deren Ursachen ihnen bis dahin nicht bewusst waren. Für mich war es höchste Zeit hinzuschauen. Die Aufstellung war sehr intensiv, es flossen Tränen, und es wurde viel gelacht. Nach der Aufstellung war ich sehr müde und brauchte Ruhe und Zeit für mich, damit sich die vielen Eindrücke setzen konnten. Am Anfang wollte ich vorerst mit niemandem über meine Erkenntnisse reden, nicht einmal mit meinem Mann, geschweige denn mit meinen Freundinnen. Ich benötigte diese Zeit zum Regenerieren. Es machte irgendetwas mit mir, das sich nicht analysieren, beschreiben oder erklären liess. Nach einigen Tagen spürte ich zusehends, wie eine tonnenschwere Last und ein enormer Druck von mir abgefallen waren. Ich habe aufgehört, das Schicksal meiner Mutter mitzutragen. Ich habe nicht aufgehört, sie zu lieben, nein, denn ihren Platz in meinem Herzen, den hat sie für immer. Ich hatte sie als Kind immer getröstet und ihr unbewusst ihren fehlenden Mann zu ersetzten versucht. Jedoch vergeblich! Jetzt endlich konnte ich die jahrzehntelange Verantwortung für sie abgeben und hatte wieder Platz für Freude, Zuversicht und Leichtigkeit in meinem Leben. Ich staunte selber über meine neu gewonnene Energie, und auch meine Mitmenschen registrierten es. Es ging mir so gut, dass ich einfach nur noch spürte, dass das Leben und die Welt mir gehörten. Allerdings war mir angst und bange, als ich zwei Monate nach der Aufstellung zur üblichen Nieren-Kontrolle mit Computertomografie und Ultraschall gehen musste. Etwas in mir sagte: ES IST ALLES GUT. Doch war da noch diese misstrauische Stimme in meinem Kopf, die mir zuflüsterte: „Du bekommst doch sowieso nur wieder schlechte Nachrichten. Du musst bestimmt wieder ins Spital. Die Nierensteine sind wieder da!" Ich war hin- und hergerissen und hielt die Luft an, als der Arzt mit den Computertomographie-Bildern ins Sprechzimmer kam. Er sah mich schmunzelnd an und fragte: „Frau R., wie haben Sie das denn gemacht? Es ist ein Wunder passiert! Es haben sich keine neuen Nierensteine gebildet." Vor lauter Freude wäre ich ihm am liebsten um den Hals gefallen und hätte mit ihm eine Flasche Prosecco geköpft, wenn er nicht im Dienst gewesen wäre.

Nach einigen Wochen ging es mir immer noch sehr gut. Ich war glücklich und vollkommen davon überzeugt, dass ich alles hinter mir hatte. Freudig rief ich bei der Invalidenversicherung an: „Ich bin gesund und in der Lage, wieder arbeiten zu gehen. Von nun an brauche ich Ihre Unterstützung nicht mehr." Es folgte ein langes Schweigen am anderen Ende der Telefonleitung. „Sind Sie wirklich sicher, dass Sie gesund sind? So schnell wird das aber nicht gehen", nahm sie mir den Wind aus den Segeln. Nach Monaten hatte ich mich mit der Versicherung geeinigt und stand endlich wieder auf eigenen Beinen. Nun bin ich schon seit zwei Jahren vollkommen gesund, und es geht mir sehr gut, worüber ich mehr als dankbar bin.

Allgemeine Hintergründe von frühem Tod
Früher Tod in Familien, sei es durch einen Abort, eine Todgeburt, plötzlichen Kindstod, Tod durch Krankheit oder Unfall eines Kindes oder eines Elternteils, Tod im Kindbett, Tod durch Krieg, Mord, Suizid u.a. hinterlassen deutliche Spuren. Diese können bei den Nachkommen über mehrere Generationen zu massiven Einschränkungen ihrer Lebensqualität führen und unbewusst den Wunsch zu sterben auslösen. Die Schulmedizin und die klassische Psychologie befassen sich leider noch wenig mit diesen systemischen Zusammenhängen, dabei sind diese enorm wichtig und prägen unser Leben, ohne dass es uns bewusst ist. Barbaras Nierenkrankheit ist nicht unbedingt typisch für eine „Todessehnsucht."

Typische Anzeichen / Hinweise sind:
- Krebs
- lebensbedrohliche Krankheiten
- Starke Allergien (Allergischer Schock)
- Depressionen
- Magersucht
- häufig auch Übergewicht (als Überlebensschutz)

- Süchte
- Suizid und Suizidversuche
- schwere Unfälle
- risikoreiches Verhalten
- gefährliche Sportarten betreiben u.a.

Diese Anzeichen sind Hinweise auf den inneren, unbewussten Wunsch, dass man zu einem verstorbenen Familienmitglied will. Kinder und Haustiere übernehmen häufig unbewusst die Todessehnsucht ihrer Eltern beziehungsweise ihrer Besitzer und drücken sie für sie aus. Niemand stirbt früh, einfach so! Es hat immer einen systemischen Hintergrund. Ich bin mir bewusst, dass ich mit diesen Zeilen nur an der Oberfläche dieses vielschichtigen Themas kratzen kann. Um Genaueres über einen Menschen und seine Verstrickungen auszusagen, brauche ich sein Genogramm und den Muskeltest. Neben der „Todessehnsucht" gibt es noch viele andere Verstrickungen. Nach über 22 Jahren Praxiserfahrung und der Arbeit mit Systemischen Familienaufstellungen kann ich mittlerweile bei meinen Klientinnen und Klienten sehr genau die unbewussten problematischen Verstrickungen und einengenden Glaubensmuster spüren. Ich bin dankbar dafür, dass ich mit der Systemischen Kinesiologie, dem Familienstellen, der Trauma-Arbeit, der Tiefenpsychologie und der Spiritualität geniale Werkzeuge gefunden habe, um Menschen auf ihrem Weg zu einem Leben voller Freude, Leichtigkeit und Glück zu unterstützen.

Autorin:
Ursula Garo, Im Seewinkel 20, 3645 Gwatt
e-mail: ursulagaro@postmail.ch, www.ursulagaro.ch

Wer bin ich?
Antworten - gefunden auf dem Weg zu mir selbst.

„Wer bist du Angst?" Diese Frage wird selten gestellt. Wer will schon etwas kennen lernen, verstehen lernen, das so machtvoll ist und den Menschen zu vielen Handlungen antreibt, welche zu Zerstörung und Leid führen. Sie wird hingenommen als etwas, was eine eigene Dynamik hat. Die Angst holt immer wieder die alten Erfahrungen, Erlebnisse, Vorstellungen und Denkweisen nach oben. Das Wesen der Angst kennen lernen ist ein Weg voller Abenteuer und der Erforschungen der eigenen Persönlichkeit sowie des eigenen Verhaltens in den verschiedensten Situationen des Alltags.

Angst in ihrer ganzen Tiefe erforschen? Da habe ich mich sehr lange dagegen gewehrt. Es bedeutete, den Weg der Selbstliebe und der Selbstverantwortung zu gehen, die volle Verantwortung für mich, meine Handlungen, mein Fühlen und mein Denken zu übernehmen. Die Angst mit ihrer ganzen Ausdruckskraft mit einem „JA" anzunehmen.

Meine Erfahrungen haben mich folgendes gelehrt: Wenn ich sie kenne und ihre Handlungsweise verstehe, kann ich mich bewusst entscheiden, wie ich handeln, was ich tun will, was ich fühlen will. Die Angst hütet die Pforten zu neuen Welten, zu neuen Potentialen, zur eigenen Kraft, Macht und Stärke. Diese Begegnungen mit der Angst führten dazu, mich mit meinen Schattenaspekten auseinander zu setzen. Es war der Weg der Versöhnung mit mir, meinem Körper, meinen Beziehungen, meiner Umwelt, meinem Leben. Es war der sanfte Weg des Herzens, geschehen zu lassen und die Liebe zu fühlen, diese tiefe Liebe meiner Seele, meiner Führung zu meinem Verstand, meinem menschlichen Dasein, dem Leben.

Was beinhaltet dieser Weg? Es bedeutet zu fühlen, mit dem Herzen wahrzunehmen, wo die Angst im Körper sitzt. Jede Zelle informiert über die Angst aus allen Erlebnissen. Der Körper ist der Hüter von dem, was erlebt worden ist. Über die energetische Arbeit mit den Zellen, dem Körper, ist es möglich, die Angst zu erkennen, zu fühlen und zu verabschieden. Das Wahrnehmen der Gedankenmuster und der Glaubenssätze führt in die innere Freiheit und in die Veränderung. Die persönliche Entscheidung aus dem Bewusstwerden heraus ermöglicht es, den Körper und die Seele von den alten Handlungsweisen und Denkweisen zu erlösen. Meine Erfahrung dabei war; je mehr ich die Glaubenssätze erkannte und veränderte, desto mehr Erlösung und innere Freiheit war möglich.

Die Angst entsteht aus der reinen Gedankenkraft heraus und benötigt viel Kraft und Energie. Weshalb nicht diese wertvolle Energie bewusst für eine neue Gestaltung des eigenen Alltags nutzen? Das Aussteigen aus alten Gewohnheiten hinterlässt eine Lücke und dort beginnt die innere Leere. Diese zu durchschreiten führt dann in die Fülle des eigenen Lebens, um Neues, noch nie Dagewesenes zu erfahren und zu erleben.

Die Selbstliebe, die Liebe zum Leben und zum Dasein ist alles: Akzeptanz, Achtsamkeit, das Fühlen des Herzens, Frieden mit sich selbst, Vergebung, Vertrauen, Offenheit, Freude am Dasein. Das "JA" zum Leben in seiner Form hier auf diesem Planeten ist das Fundament. Die Freude erlöst die Angst. Die Freude ist der Schlüssel zur Freiheit. Die Freude lässt die Angst aus den Zellen fliessen.
Meine persönlichen Begleiter auf diesem Weg sind die universellen Energien der Engel, der Aufgestiegenen Meister, hier vertreten durch Kryon, die mich die Verbindung mit meinem Innersten unsützen. Gerne lasse ich Kryon durch mich in diesem Channeling reden:

Seid herzlich gegrüsst, hier spricht Kryon.
Diese Zeit ist geprägt von Bewusstwerdung. Dazu gehört auch das Erkennen des Wesens der Angst. Die Angst zeigt sich in der heutigen Zeit immer mehr. Erkennt wer sie wirklich ist und hört ihr zu, was sie euch gerne mitteilen möchte. Atmet den Atem des Kosmos dabei ein, lasst dabei den Frieden in euer Herz fliessen.
„Ich bin die Angst.
Ich bin die Vertreterin der Dunkelheit, geboren aus der Liebe. Meine Aufgabe ist es jeder Person die Möglichkeit zu geben, zu erfahren was mit mir, der Angst alles erlebt werden konnte. Ich bin die Lehrerin des Vergessens, des Nichtwissens, des Unbewussten, des Abgetrennten.
Ich bin die Lehrerin der Gedankenkraft der Vergangenheit.
Ich bin die Festhalterin aller Erfahrungen auf allen Ebenen. Meine Macht ist die Macht der Gedanken und der Emotionen, die Macht aller Erfahrungen. Ich bin die Macht der Trennung und damit die Macht des persönlichen Wachstums in der Dunkelheit.
Jetzt ist die Zeit, wo jede Seele sich ihrer selbst bewusst wird. Und es ist jetzt die Zeit da, um von mir Abschied zu nehmen. Verlasse diese Schule und gestalte ein Abschiedsfest mit allen Lehrern: dem Versager, dem Verräter, dem Täter, dem Opfer, dem Verweigerer, dem Richter, dem Widerstand, dem Verurteiler, dem Verzweifler, dem

Ohnmächtigen, dem grossen Einsamen, dem Mangel, dem Misstrauer.
Jeder hat für dich ein wundervolles Abschiedsgeschenk. Nimm dieses aus tiefstem Herzen an, höre jedem gut zu, erkenne diese Weisheit der Dunkelheit. Bedanke dich für die gute Zusammenarbeit, die hervorragende Leistung aller Beteiligten.
Verabschiede dich mit Dankbarkeit für diese Lehrjahre. Dann drehe dich um und gehe jetzt deinen Weg des Herzens in Frieden und Freiheit, mit Freude und Leichtigkeit.

Ich wünsche allen Lesern die Möglichkeit, sich selbst zu finden Das Channeling darf mit Hinweis auf den Ursprung gerne unverändert weiter gegeben werden.

Autorin: Vanessa Gabor, Weidliweg 10, 4457 Diegten
e-mail: info@vanessa-gabor.com, www.vanessa-gabor.com

Dorntherapie

Die Dorntherapie nach Dieter Dorn ist eine sanfte Therapie an Wirbeln und Becken. Diese weit verbreitete Form des Wirbelrichtens kann aber viel mehr als nur verschobene Knochen wieder in die korrekte Stellung zu bringen. Der verschobene Wirbel teilt uns mit, wo der sogenannte „Hacken der Sache" ist. Bei einigen Patienten ist es wirklich so, dass nur der verschobene Wirbel Schmerzen verursacht. Kaum ist er wieder an der richtigen Position und die Muskeln rundherum entspannt, ist der Patient wieder Schmerzfrei.

Bei den meisten steckt aber mehr dahinter. Jeder Wirbel hat seine eigenen Psychischen und Physischen Eigenschaften denen er zugehört. Ich habe die Erfahrung gemacht, dass vor allem der Psychische Aspekt vielmals die Ursache oder ein großes „Mit-Problem" ist, das therapiert werden sollte. So kann ein verschobener Wirbel, der – egal wie stark man drückt – einfach nicht in die korrekte Position will, ein großes Anzeichen für die Psyche sein. Einige Kunden lassen sich darauf ein, das Problem mit zu therapieren, einige wollen nichts davon wissen.

Ich habe bei vielen Patienten, welche sich wirklich ganzheitlich, also psychisch und physisch behandeln lassen, erlebt, dass der Wirbel nach kurzer Zeit, kaum hat sich der Patient mit seiner Psyche auseinandergesetzt, ohne Anstrengung wieder in die korrekte Position rutschte. Meiner Erfahrung nach, ist daher die Kombination der Dorntherapie mit Massagen, Phytotherapie oder Akupunktur sehr wirksam und weiter zu empfehlen.

Autorin:
Sandra Berger, Stationsstrasse 16, 8545 Rickenbach Sulz
e-mail: kontakt@praxis-berger.ch, www.praxis-berger.ch

Ein Märchen für erwachsene Kinder

 Es war einmal ein Lächeln. Es lebte allein, in einem paradiesischen Zustand auf einer Wolke in den himmlischen Gefilden. Jeden Morgen freute es sich, dass die Sonne bei ihrem Aufgehen lichte, goldene Strahlen aufleuchten liess, dass der Wind sanft über seine Bäcklein strich und dass die Vögel ihm ein Morgenlied zujubelten. Mittags freute es sich, dass sein Magen mit Manna gefüllt wurde, sein Durst mit den Tautropfen der Blüten gelöscht und dass es sich zu einem gemütlichen Mittagsschläfchen ins weiche Wolkengras hinlegen konnte. Und abends war es ihm eine grosse Freude, sich in das Spiel von Licht und Dunkel fallen zu lassen, es konnte sich kaum satt sehen am Funkeln der Sterne und tauchte sein Gesicht in das weiche, kühlende Licht des Mondes. Das Dasein des Lächelns war einfach perfekt.

- Nur manchmal, gerade wenn es am Schönsten war, beschlich das Lächeln ein trauriges Gefühl. Wie gern hätte es all die Schönheit mit jemandem geteilt, wie gern hätte es Spielgefährten gehabt, um mit ihnen herumzutollen, zu singen und sich mit ihnen zu freuen – und seine Sehnsucht wuchs ins Unermessliche. So schickte es eines Abends seinen Wunsch nach Gesellschaft hinaus ins Universum und schlief voller Hoffnung ein.
Und dann geschah etwas Unfassbares!
Am frühen Morgen erwachte das Lächeln und erblickte weit über sich gespannt einen Bogen. Einen Bogen voller Farben. Sein Staunen nahm kein Ende. So etwas Schönes hatte es noch nie gesehen. Der Bogen neigte sein Gesicht, winkte das Lächeln zu sich und sprach mit tiefer, wohlklingender Stimme: „dein Alleinsein hat nun ein Ende, ich schenke Dir meine sieben Farben. Sie sollen Dich erfreuen, dich begleiten und ihre Gaben mit dir teilen."

Das Rot gibt dir Lebenslust, Kraft und Liebe.
Das Gelb gibt dir Heiterkeit, Konzentration und Selbstbewusstsein.
Das Orange gibt dir Frohsinn, Herzenswärme und Selbstwertgefühl.
Das Grün gibt dir Harmonie, Mitgefühl und Erinnerung.
Das Blau gibt dir Ruhe, Vertrauen und Wohlbefinden.
Das Violett gibt dir Vorstellungskraft, geistige Führung und Intuition.
Nach diesen Worten verstummte der Bogen. Nach und nach verblassten seine Farben, bis das Lächeln sie nicht mehr erblicken konnte – und so wie er gekommen war verschwand er lautlos in den Wolken.

Das Lächeln senkte seine Augen und sah sich umringt von all den sieben, wundervollen Farben. Sie glitzerten und strahlten um die Wette. Dankbar und gerührt blickte es sie alle an und streckte seine Hände nach ihnen aus. Links von ihm erfasste es das Rot und rechts von ihm das Violett. So tanzten sie ausgelassen und fröhlich zusammen im Kreis, bis in der Dämmerung die ersten Sterne blinkten.

Da liessen sie sich erschöpft und von Freude erfüllt in die weichen Wolken zur Ruhe sinken. Schon halb im Schlaf dachte das Lächeln an den farbigen Bogen und voller Dankbarkeit im Herzen widmete es ihm folgendes Gedicht:

Mein Lächeln sucht und findet Dich sogleich
Und es zieht Kreise, so wie der Stein geworfen in den Teich
Erreicht Dich, Menschen, Tiere und die Mutter Erde
Auf dass die Freude wieder zur Natur der Menschheit werde
Mein Lächeln kehrt zurück, aus deinen Augen, Deinem Mund
Und findet seinen Ursprung in meinem Herzensgrund

Autorin:
Christin-Hellena Spitteler-Spinner, Ellenbach 131, 4233 Meltingen
e-mail: chspitteler@bluewin.ch, www.gesund.ch/spitteler

Good Vibrations

Ich wollte ursprünglich als Tourismusfachfrau die Welt bereisen und fremde Kulturen kennen lernen. Nach der Ausbildung habe ich zunächst jedoch fast sieben Jahre lang im Marketing einer Bank gearbeitet. Während dieser Zeit bildete ich mich stets berufsbegleitend aber fachfremd weiter. Themen der Komplementärmedizin und des geistigen Heilens interessieren mich schon seit der Kantizeit. Stets auf der Suche nach dem Ursprung von Beschwerden, Krankheiten und Mustern habe ich im Laufe der Zeit viele Behandlungsmethoden selber ausprobiert. Mein Ziel ist es, mehr Glück, Leichtigkeit und Kreativität im Leben zu erfahren und weiter zu geben.

Im Jahr 2012 wagte ich einen grossen Schritt, hängte meinen vermeintlich sicheren Bankjob an den Nagel und machte mich in Wettingen (AG) mit der Praxis Kraft und Klang selbständig. Hier praktiziere ich unter Anderem Klangtherapie. Im Zentrum dabei steht die Klangliege. Auf einem Instrument liegend verteilt sich der Klang von Zelle zu Zelle, bringt Heilung und Tiefenentspannung. Klang ist tönende Ordnung bei der sich der Klient einfach bedienen darf und dort ausgleicht, wo etwas entrückt ist.

Zudem biete ich die Aufrichtung, Reiki, Reiki-Seminare und Quantenheilung an. Eigentlich sind alle Therapiearten die ich anbiete Quantenphysik in Aktion. Alles ist im Kern Schwingung und Energie und auf dieser Ebene wird korrigiert.

Rückenbeschwerden, Burn Out, ADHS, Kinder mit Konzentrationsschwierigkeiten, Tinnitus und Menschen, die gezielt Muster und Ängste auflösen wollen – die Beschwerden meiner Klienten sind vielfältig, eine eindeutige Zielgruppe gibt es nicht. So konnte ich schon einen verstauchten Fuss mit Quantenheilung, einen angerissenen Meniskus mit Reiki, Rückenbeschwerden mit der Aufrichtung und Verspannungen auf der Klangliege erfolgreich behandeln. Die Methoden lassen sich auch gut kombinieren. Nicht selten interessiert sich ein Klient nach einer Klangbehandlung auch für die Aufrichtung oder Quantenheilung und umgekehrt.
Ich möchte mit Kraft und Klang auch eine Art Kraftort in der Region Baden-Zürich anbieten. Man kann nach einer strengen Woche einfach Energie tanken kommen und eine Klang- oder Reikimassage auch als Wellnessangebot sehen.

Ich sehe mich als Coach, als Kanal, der Inputs gibt. Heilen tut sich jeder selber. Wir müssen uns wieder daran erinnern, wer wir eigentlich sind und welche Kraft in jedem von uns steckt. Durch unsere Gedanken kreieren wir buchstäblich unsere Welt. Was haben Sie heute alles schon Erbauendes, Schönes gedacht?

Mit meinem Background möchte ich vor allem Menschen helfen, die sehr verkopft sind und wieder einen Weg zum eigenen Wissen, zur Intuition suchen. Ich nehme mir dabei den Leitsatz der Römer zu Herzen der besagt: „Mens sana in corpore sano – ein gesunder Geist in einem gesunden Körper" und „Medi ca mente – Heilung durch den Geist". Daher habe ich mir auch das Zitat von Teresa von Avila „Tue Deinem Körper Gutes, damit Deine Seele darin wohnen mag" zum Motto gemacht.

Autorin: Isabelle Anja Gruchow, Landstrasse 99, 5430 Wettingen
E-Mail: info@kraftundklang.ch, www.kraftundklang.ch

Die Begegnung mit Herr O.

Herr O. kommt das erste Mal in Begleitung seiner Frau. Seine Körperhaltung ist gebeugt, nur langsam kann er die vier Treppenstufen überwinden.

Seine Stimme ist monoton, eher krächzend und farblos. Schon bei dem ersten Gespräch, beim Ausfüllen der Personalien, haben wir Schwierigkeiten einander zu verstehen. Ich merkte, dass er beidseits Hörgeräte trägt. Seine Frau ist sehr behilflich, ihm meine Fragen so zu übersetzen, dass ihr Mann es bestimmt versteht.

Während des Gesprächs entfaltete sich seine Krankheits– und Leidensgeschichte. Erst in den nachfolgenden Sitzungen lernte ich die ganze Tragik seines Lebens kennen. Der Unfall vor ein paar Jahren, die vielen Operationen, die anhaltenden starken Schmerzen und die starken Medikamenten haben ihm sehr zugesetzt.

Ich habe mich zuerst überzeugt, dass er weiterhin in ärztlicher Betreuung ist, und dass er schon viele andere Behandlungen ausprobiert hat. Herr O. hat von seinem Arzt eine Überweisung mitgebracht. Mit diesem Wissen ausgerüstet habe ich die Herausforderung angenommen.

Frau und Herr O. haben sich in den ärztlichen Behandlungen gut ausgekannt, sie haben also damit gerechnet, dass es in meiner Praxis ebenfalls so zugehen wird. Komplementärtherapeutische Philosophie und Handlungsweise war für sie völlig fremd. Es war mir aber sehr wichtig, dass Ehepaar O. Schritt für Schritt erkennt, wie und warum der Körper auf die Behandlung reagiert.

Um das Gesagte zu unterstützen, habe ich nach jeder Sitzung erklärende Informationsblätter abgegeben. Wenn es erforderlich war, habe ich dem jeweiligen Thema entsprechend neue Unterlagen geschaffen. Für die Übungen, die ich als „Hausaufgabe" empfohlen habe, mussten geeignete Abbildungen gefunden werden.

In den ersten 4-5 Sitzungen hat Frau O. ihren Mann begleitet. Während der Arbeit musste ich manchmal aus dem Blickfeld von Herr O. treten. Wenn er mein Gesicht nicht gesehen hat, hat er auch nicht verstanden was ich sagte. In solchen Momenten hat Frau O. ihrem Mann erklärt, was ich vorhabe, und was er selbst tun muss. Zum

Beispiel: Tief einatmen, oder den Arm, mit dem ich versuchte ihn zu testen, nicht zu verkrampfen.

Leider hat Herr O. schon lange verlernt, seinen Körper wahrzunehmen. Er hat nur ein Gefühl erlebt, - Schmerz oder kein Schmerz. Am Anfang habe ich Herrn O. hauptsächlich mit Kinesiologie begleitet. Um richtig und exakt zu testen, haben wir Schritt für Schritt die Arme und die Beine entdeckt, und das Gefühl eingeübt, wie es ist, wenn der Arm auf geringen Druck manchmal nachgibt, und manchmal einfach sein Position behält.
Da er starke Rücken und Schulterschmerzen hatte, mussten wir eine Möglichkeit suchen, wo es bequemer war zu testen. Ehepaar O. war sehr beeindruckt als sie erlebten, dass der Körper sogar auf Gedanken sichtbar reagiert.

Die behutsamen Korrekturen und der sanfte, stete Kontakt während der Arbeit, hat beim Herr O. etwas Vertrauen erweckt. Mit der Zeit hat er sogar, - scheinbar um mich zu verwirren, - Spass gemacht, und versucht, das Testergebnis zu verändern. Er war sehr erstaunt, dass es gerade beim Muskeltesten nicht geht. Solche Episoden haben unsere Korrekturen erhellt und aufgelockert.

Manchmal bin ich in meiner Arbeit nicht weiter gekommen. Ab und zu haben sich Schwierigkeiten gezeigt, und ich musste zuerst in Fachbüchern nachforschen oder mit ehemaligen Fachlehrern sprechen, um den nächsten Schritt zu wagen. So lernte ich mehr dazu, und habe neue Sicherheit gewonnen.

So ein Fall war z.B. die Ernährung. Da Herr O. oft in tiefen Depressionen steckte, hat er sich nicht ausreichend ernährt. Vollwertkost war für Ehepaar O. ein Fremdbegriff. Sie sind der gängigen Ernährungsweise gefolgt, was besonders für ihn nicht förderlich war. Es dauerte eine Weile, Frau O. beizubringen, wie und was sie kochen soll und warum es vorteilhaft ist, Änderungen im Speiseplan vorzunehmen.
Der nächste Schritt war, Herr O.'s Widerstand gegenüber den neuen Speisen abzubauen, und ihm Mut zu machen, mal etwas Neues auszuprobieren, oder sogar selbst etwas einzukaufen.
Mit dem Erfolg, dass er ein Jahr später selbstständig eingekaufte und gekocht hat.

Wegen seinem Hörschaden kämpfte Herr O. mit Gleichgewichts-Schwierigkeiten. Der Zahl 8 auf dem Boden nachzulaufen half ihm, mehr Raumsicherheit zu gewinnen. Eines Tages hat Frau O. auf meinem Regal das Buch über die liegende 8 entdeckt. Sie hat es für ein paar Tage ausgeliehen, und die Übungen zuhause ausprobiert. Sie haben das Buch in kurze Zeit mit allen Übungen durchgearbeitet und haben im Wohnzimmer die Möbel auf die Seite geschoben, und in dem so gewonnenen Raum geübt. Gross war ihr Erstaunen, dass es beiden viel besser geht, die Gleichgewichtsstörungen liessen nach, und sie fanden wieder einen besseren Zugang zueinander. Plötzlich haben sie gemeinsame Themen als Gesprächsstoff entdeckt.

Eines Tages habe ich entdeckt, dass in seinem Rücken, ein in der Wirbelsäule eingeschobener Metallsensor langsam seinen Platz verändert und sich nach unten biegt. Nun musste abgeklärt werden, ob es möglich war, dass nach so vielen Jahren der einstmals hilfreiche, - heute aber störende Metallfaden herausgenommen werden konnte. Störend war es auch in dem Sinne, dass die ganze Wirbelsäule und das Becken ständig blockiert waren. Metall leitet Elektrizität, selbst in bioenergetischem Bereich. Vor ein paar Jahren hatte man in der neurologischen Klinik Zürich gemeint, es sei viel zu riskant, den Faden herauszulösen. Es bestehe die Gefahr, dass Herr O. querschnittsgelähmt werde. Was ist hier also zu tun? Jetzt brauchte ich die schriftliche Zustimmung von Herrn O., damit ich weitere Schritte unternehmen konnte.
Zuerst habe ich einen Neurologen finden müssen, der bereit war, Herrn O. zu untersuchen, und zu beurteilen, was für Möglichkeiten sich gemäss heutigem Wissensstand bieten um Herrn O. weiter zu helfen. Dann musste ich die Situation in einem kurzen Brief so formulieren, dass der Herr Doktor unser Anliegen ernst nimmt. Eine Begegnung von Herrn O. mit dem Neurologen hat stattgefunden. Leider wurde unser Bemühen vom Neurologen nicht wirklich angenommen.

Nun merkte ich, dass ich auf dem gewohnten Weg, mit Kinesiologie, auch wegen den ständigen Tests nicht weiterkomme. So habe ich die Gelegenheit ergriffen, eine neue Ausbildung in der Methode „Akupunkt-Massage nach Penzel,, anzufangen. Geplant hatte ich die Ausbildung schon lange, der Fall von Herrn O. hat mir einfach den Ansporn gegeben.

Nun habe ich Herrn O. fortan nebst Kinesiologie, Massagen und psychologischer Betreuung auch mit APM behandelt. Herr O. lebte richtig auf. Einmal überraschte er mich damit, dass er zuhause die Küche umgestellt hat, dann hat er im Keller den Boden verlegt. Selbstverständlich hat er „endlich" wieder ordentlich Muskelschmerzen bekommen. Zu Silvester ist er mit seiner Frau tanzen gegangen. Wie weit es reichte, weiss ich nicht, Hauptsache, er hat Freude gehabt.

Die zeitweiligen Depressionen haben ihn dennoch immer wieder geplagt. In dieser Phase lag er nur da, stöhnte und war nur schwer zufriedenzustellen. Schon bevor er bei mir die Behandlungen angefangen hat, hat er immer wieder davon gesprochen, dass er die Schmerzen nicht länger ertragen kann, und er wolle sterben. Er hat sich sogar bei „Exit" angemeldet, seine Karte hat er mir auch gezeigt. Das war für seine Frau eine Qual. Er hat damit immer wieder gedroht. Das war schliesslich auch sein Druckmittel, wenn er von seiner Frau etwas erreichen wollte. Bei mir hat er es auch immer wieder versucht, allerdings nie direkt, nur diffuse Andeutungen gemacht.

Solche Äusserungen muss ich immer ernst nehmen. So habe ich ihn nach Schaffhausen zum Psychiater geschickt. Nach der zweiten Sitzung kam er siegessicher zurück. Der Psychiater meinte, er sei schon in Ordnung, nur seine Frau müsste sich behandeln lassen.

Bei der nächsten Gelegenheit, als er wieder sterben wollte, habe ich ihn darauf angesprochen, wie er sich die Angelegenheit konkret vorstellt. Er war auf diese Frage nicht vorbereitet und musste zugeben, dass er doch gerne leben würde. Er wolle einfach diese Schmerzen nicht, sonst würde er ja nicht zu mir kommen. Wir haben daraufhin gemeinsam eine neue Strategie erarbeitet, was er unternehmen soll und kann, wenn er sich wieder so bedrückt fühlt. Das hat nach zwei-dreimaligem Anlauf ganz gut geklappt. Seine Frau hat aufatmen können.

In dem vierten Jahr haben wir die Behandlungen gelockert, und auch mal längere Pausen (3-4 Wochen) gemacht. Mein Leben hat sich mit der Zeit auch verändert, die Kinder waren ausgeflogen, und ich musste den Wohnort wechseln. So haben wir die Behandlungen beendet. Es bleibt die Erinnerung an eine interessante, gemeinsame Zeit. Wie es Herr O. wohl heute geht?

Autorin:
Birnbaum Katalin, Wiesentalstrasse 19, 9242 Oberuzwil
e-mail: birnbaumprax@hotmail.com, www.birnbaum.ch

Rückführungen in frühere Leben

Rückführungen habe ich bei David Bach in der Psychosyntheseausbildung Ende der 90er Jahre und bei Grete Fremming in der Transformationskinesiologie gelernt. Trotzdem hatte ich diese Therapie aus meinem Programm ausgeschlossen. Ich dachte in der neuen Energie und vor allem bei den neuen Kindern sei dies nicht mehr notwendig.

Belehrt wurde ich dann von einem erstaunlichen, kleinen Mädchen.

E. kam mit 2 Jahren das erste Mal in meine Praxis. Wir lösten Ängste auf, die auf ein Geburtstrauma zurückführten.

Trotzdem blieben ihre Schlafstörungen, die mit Atemnot einher gingen. Man führte dies medizinisch auf ihre grossen Mandeln zurück. Als diese entfernt wurden, hatte E. für drei Wochen Ruhe. Dann erwachte sie wieder nachts immer um die gleiche Zeit mit Angst und Atemnot und sagte sie bekomme keine Luft.

Wir testeten kinesiologisch und es gab eine Rückführung in ein früheres Leben an. Nun war ich wirklich gefordert. Rückführungen in diesem jungen Alter waren für mich neu.

Mit der Mutter als Surrogat führte ich E. dann ins Mittelalter. Es stellte sich heraus, dass sie damals erstickt worden war. Die heutige Aufwachzeit stimmte mit ihrer Todeszeit überein.

Da wir nun die Ursache ihres Leidens erkannt hatten, konnten wir therapieren. Sie bekam eine Klanggabelsitzung und musste während Wochen Weihrauchöl am Hals einreiben. Sie bekam davon einen Ausschlag, der unterstützend mit Homöopathie behandelt wurde. Nach ca. 6 Wochen war sie beschwerdefrei.

Wichtig für mich war bei dieser Rückführung, dass alle medizinischen Aspekte vorher abgeklärt worden waren. Erst als alles medizinische nichts half, entschied ich mich zu diesem Schritt.

Seither schläft E. durch und es gibt keine Anzeichen mehr von Atemnot. Das positive an dieser Rückführung ist, dass E. sich später nicht mehr an dieses traumatische Ereignis ihres früheren Lebens erinnern muss, einfach dadurch, dass es jetzt im Alter von 2 ½ Jahren gelöst wurde.

Rückführungen mache ich seither wieder häufiger, jedoch nur nach kinesiologischen Tests. Es macht für mich nur Sinn, wenn klar ist, dass eine Rückführung eine heilende Wirkung auf den Klienten hat. Für den „Gwunder" ist mir diese Art von Therapie zu heikel. Wir müssen mit den Erkenntnissen der Rückführung leben können.

Autorin:
Jacqueline Müller-Durrer, Riedlistrasse 33, 3123 Belp
e-mail: info@sternentore.ch, www.sternentore.ch

Atlaslogie und Schleudertrauma

Was macht Atlaslogie aus?
Die gewichtige Bedeutung der Wirbelsäule für das Wohlbefinden des Menschen ist unbestritten. Redewendungen wie z.B. das „Kreuz mit dem Kreuz", jemand habe „kein Rückgrat", etwas habe jemandem „das Genick gebrochen", deuten darauf hin. Schon in der Antike waren sich Heilkundige der Bedeutung des Atlas und der Wirbelsäule bewusst.
Der Atlas, unser oberster Halswirbel, liegt in einem sensiblen Bereich. Verschiebt er sich nur ein wenig, hat das Auswirkungen auf Nervenfunktionen und die Statik der Wirbelsäule. Durch einen energetischen Impuls kann der Atlaslogist diesen Wirbel in Schwingung versetzen. Den Atlas kann man sich als Knochenring mit zwei Gelenkflächen vorstellen, auf denen die Gelenke des Hinterhauptbeines des Schädels liegen. Verbunden, wie die übrigen Wirbel untereinander, durch Sehnen und Muskeln. Vom zweiten Wirbel ragt ein Zahn empor, auf dem der Atlas sitzt und um den er sich drehen kann. Das Loch des Atlas, durch das sich das Rückenmark zieht, ist gross und ist die Stelle, an der dieses in den Hirnstamm übergeht. Hier entspringen zehn der zwölf Hirnnerven, die unter anderem mit den Sinnesorganen verbunden sind. Ferner verlaufen rechts und links durch die Halswirbel grosse Schlagadern, die das Gehirn mit Blut versorgen. Ein höchst sensibler Bereich also. Der Atlas kann sich verdrehen, seitlich kippen, nach rechts oder links verschieben. Diese Verschiebungen, oft nur im Millimeterbereich, sind zum Teil auf Röntgenbilder zu sehen. Ausgelöst werden sie durch Stürze, Schläge (Schleudertrauma), einseitige Belastungen oder geschehen durch den Gebrauch von Glocken oder Zangen bei der Geburt. Psychische Belastungen, wie Ärger, Stress und Trauer, können auch der Auslöser sein, in dem sich zum Beispiel die Muskeln verspannen und den Atlas in eine Fehlposition ziehen.
Ist der Atlas verschoben, ist es auch der fünfte Lendenwirbel. Durch verschobene Wirbel wird Druck auf die rechts und links der Wirbelsäule austretenden Spinalnerven ausgeübt und diese in ihrer Informationstätigkeit gehindert.
Sitzungsverlauf: Nach einer ausführlichen Information über die Atlaslogie wird die Anamnese des Klienten aufgenommen. Danach legt der Klient sich auf einer speziellen Liege auf den Bauch, damit wir einen allfälligen Beckenschiefstand feststellen können. Im Sitzen wird durch sanfte Ertastung des Atlas dessen genaue Position festge-

stellt. Danach erfolgt das Adjustment, eine energetische Schwingungsübertragung des Atlaslogisten auf die seitlichen Fortsätze des Atlas, welche diesen in seine natürliche Position zurückgleiten lässt. Anschliessend ist eine liegende Ruhepause von 20 – 30 Minuten zwingend.

Was kann ich selber zur Heilung beitragen?

1. Schlafen Sie nie mehr auf dem Bauch. Beim Bauchschlaf nimmt der Atlas eine unnatürliche Stellung ein.

2. Strecken und recken Sie sich nach dem Erwachen wie eine Katze.

3. Gönnen Sie sich jeden Tag eine Stunde Bewegung an der frischen Luft. Morgens und abends je eine halbe Stunde. Gehen verhilft Ihnen zu besserer Sauerstoffversorgung.

4. Nehmen Sie sich Zeit für täglich 20 Minuten Gymnastik.

5. Nehmen Sie täglich 2 bis 3 Liter Flüssigkeit zu sich. Am besten trinken Sie Leitungswasser oder stilles Wasser. Wenn Sie sich vorwiegend von frischen Früchten, rohen Gemüsen und Salaten ernähren, erhalten Sie damit die beste Art von Flüssigkeit aus Ihrer Nahrung.

Da jeder Mensch selber die Verantwortung für seine Gesundheit trägt, sollte er auch darauf achten, Empfindungen wie Hass, Neid, Eifersucht zu vermeiden. All dies, wie auch Aufregungen oder moralische Tiefschläge, können zu Verschiebungen führen. Positiv denken, die Menschen so nehmen, wie sie sind; Ja sagen zum Leben und im Moment stehen, hilft uns auf dem Weg zu einem gesunden, erfüllten Leben.

Atlaslogie wirkt auf der bioenergetischen und feinstofflichen Ebene genauso wie im physischen Bereich. Obwohl ihr Funktionieren nicht bis ins letzte Detail erklärbar ist, kann ihre wunderbare Wirkung von jedem Menschen erfahren werden.

Bei Schleudertrauma Betroffenen (wie auch allen anderen Vorfällen) wäre es besonders wichtig, nicht zu lange abzuwarten um mit den Sitzungen anzufangen, damit ihre Muskulatur sich nicht allzu fest in einer Schonhaltung verfestigt.

Autorin:
Margrit de Graaff Ryter, Hirschengraben 8, 3011 Bern
e-mail: atlaslogie@gmx.ch, www.atlaslogiebern.ch

Augenheilkunde – Teil meines Lebens

1993 wurde mein Sohn geboren - sehbehindert. Seit dieser Zeit beschäftige ich mich mit Augenheilkunde. Als von der Forschung faszinierte Biologin habe ich seither einiges in Erfahrung gebracht, das generell zutrifft und somit allen zu Gute kommt.

Dank der Methode der Augenakupunktur nach Professor John Boel liess sich bei meinem Sohn der Augendruck stabilisieren. Dies bewirkte, dass er sich keinen riskanten Augenoperationen mehr unterziehen musste.

Deshalb habe ich mich in der Schweizerischen Fachschule für Augenakupunktur nach Prof. John Boel während drei Jahren in dieser Methode ausbilden lassen, und behandle seither meinen Sohn selber.

Gleichzeitig habe ich auch nach den Ursachen des Augenleidens gesucht. Mit den Jahren zeigte sich, dass der Augendruck meines Sohnes immer dann stieg, wenn er selbst unter Druck geriet. Unsere Augen stehen direkt in Verbindung mit unserem Lebensstil und unseren Herausforderungen. Das Auge reagiert somit auf die inneren Gefühle, obschon auch mit einer entsprechenden Ernährung einiges für die Sehkraft getan werden kann.

Dieser Evidenz entsprechend habe ich eine weitere Methode gefunden, die die Tiefen des menschlichen Wesens angeht: Die Farbtherapie von Peter Mandel in Deutschland. Mit Farben lässt sich die seelische Ebene erreichen und Blockaden lösen.

Auch ein zusätzliches Sehtraining stärkt die Augen.

Heute kombiniere ich meine persönlich gemachten Erfahrungen mit meiner Ausbildung und gebe diese Heilmethode gerne weiter - mit viel Aufmerksamkeit und Liebe, weil ich den Wert gesunder Augen aus eigener Erfahrung kennengelernt habe.

Autorin:
Evelyne Müller Kyburz, Chännelmattstrasse 2, 3186 Düdingen
info@augenakupunktur2000.com, www.augenakupunktur2000.com

Im Gleichgewicht lebt sich's besser …

„Ja, genau, das ist's, was ich zur Zeit brauche: wieder mehr ins Gleichgewicht kommen!" – so höre ich Leute sprechen, denen ich in meiner Praxis die Methode „Rebalancing" vorstelle. Die so sprechen, beziehen sich nicht primär auf die körperliche Balance, sondern auf ihr inneres Gleichgewicht, an dem es ihnen mangelt. Es ist der Stress, die berufliche oder familiäre oder sonstige Überlastung, unter der sie leiden. Oft sind es Menschen, die merken, dass sich in ihrem Leben etwas zu verändern beginnt, dass etwas in Bewegung kommt. Sie merken dann, dass es gilt, neu Tritt zu fassen: Etwas ist nicht mehr, wie es war, neue Entscheidungen stehen an, eben: eine neue Balance muss gefunden werden.

Körperliches und seelisches Gleichgewicht

Die Körperarbeits-Methode „Rebalancing" enthält in ihrem Namen das Versprechen, zu neuem Gleichgewicht zu verhelfen. Im Unterschied zu rein psychologischen oder psychotherapeutischen Ansätzen mit ähnlichen Versprechen, arbeitet Rebalancing zunächst am Körper und mit dem Körper. Dies im Wissen, dass der Körper eines Menschen dessen Geschichte enthält, dass er seine Persönlichkeit „verkörpert" und deren Ausdruck ist. Tatsächlich beeinflussen ja körperliche Verspannungen und Verformungen, wie etwa ein gerundeter Rücken, eingezogene Schultern oder schiefes Becken das körperliche Gleichgewicht. Möglicherweise wird sich die betroffene Person dessen nicht einmal gewahr. Denn der Körper, der sich in steter Auseinandersetzung mit der Schwerkraft befindet, sorgt selber durch Kompensation dafür, dass die Person dennoch aufrecht steht und geht. Arbeit am Körper geht also zusammen mit Arbeit an unserer Persönlichkeit. Unser Körper drückt aus, wer wir und was wir im Moment sind. Und umgekehrt: Was wir sind, zeigt sich im Körper.

Wie Rebalancer arbeiten:

Rebalancing arbeitet also entsprechend an Haltungsproblemen. Die Art der Haltung eines Klienten wird vor einer Behandlung mittels „Körperlesen" („Blickdiagnostik") festgestellt. Dies gibt dem Rebalancer Hinweise für die Arbeit. Die Behandlung zielt darauf, Impulse für die ursprüngliche aufrechte Haltung zu vermitteln.

Und zwar durch Arbeit am Bindegewebe, welches alle Muskeln umhüllt, durchzieht und ihnen Halt und Form gibt. Verformungen bedeuten, dass das entsprechende Bindegewebe verhärtet, verkürzt, verzogen oder verklebt ist, sodass die Muskeln sich nicht mehr frei bewegen können. Rebalancing arbeitet mit geeigneten Techniken daran, dieses Bindegewebe wieder flexibel zu machen. Das erlaubt den betroffenen Muskeln und Gelenken, sich zu entspannen und wieder normal funktionsfähig zu werden. Die Techniken bestehen u.a. in behutsamem manuellem Dehnen, Lockern von Gelenken und „Einsinken" ins Gewebe. Diese tief wirkende Bindegewebsmassage wird verbunden mit Energiearbeit, wobei sie die Körperintelligenz unterstützt.

Leib und Seele ...
Wie bereits erwähnt, haben körperliche Haltungsprobleme eine Geschichte, oder eine Vielzahl von Geschichten, die sich im Gewebe niedergeschlagen haben. Wenn der Rebalancer nun an diesem Gewebe arbeitet, kann es sein, dass bei schmerzenden Körperstellen alte Geschichten wieder aktiviert werden, dass unerwartete Gefühle oder Erinnerungen auftauchen, welche im Gewebe gespeichert sind. Die behandelnde Person wird bei manifesten Schmerzen den auslösenden Druck zurücknehmen. Sie wird versuchen, mittels sanfter Berührung und Gesprächsangebot das verhärtete Gewebe „aufzuweichen" und so den Schmerz zu lindern. Rebalancer sind in der Lage, dank intensiver, mehrjähriger Schulung und Selbsterfahrung, auf körperliche Zeichen, vegetative Reaktionen und emotionale Prozesse einzugehen.

Eine Rebalancing-Sitzung kann dazu führen, dass bei der behandelten Person der Wunsch entsteht, solche Geschichten neu zu wenden, nach neuen Lösungen zu suchen. Die Körperarbeit kann dann verbunden werden mit psychologischen Ansätzen. Rebalancing bietet ein Instrumentarium mit einer Reihe von mehreren (ca. zehn) Sitzungen. Diese erlauben es, einen entsprechenden Prozess anzuregen und zu begleiten. Jede dieser Sitzungen konzentriert sich auf bestimmte Körperbereiche, bei denen verschiedene Lebensthemen angesprochen werden. Das schafft Gelegenheit, sich mit den für die Person relevanten Fragen auseinanderzusetzen.

Hier ein paar Beispiele für solche psychosomatischen (seelisch-körperlichen) Verschränkungen:
Beine und Füsse stehen den Themen Erdung, Verwurzelung, Getragensein nahe. Berührungen an Beinen und Füssen können helfen, bewusst zu machen, wie jemand im Leben steht.
Wenn Brustkorb und Zwerchfell im Zentrum stehen, liegt der Schwerpunkt beim Atmen. Dieser hat mit Inspiration, mit Be-Lebung zu tun. Eine Weitung im Brustbereich erlaubt ein stärkeres Sich-Aufrichten, was ein neues Lebensgefühl vermitteln kann. Die Arbeit

an Schultern und Armen fragt nach der Verbindung zu den Mitmenschen und zur Umwelt überhaupt. Beim Rücken geht es um die Themen Aufrichtigkeit (im Sinne von für sich selber geradestehen) und Zurückhaltung (statt vorwärts schreiten).

Das Besondere:
Rebalancing ist Bewusstseinsarbeit, die mit dem Körper beginnt. Der Körper ist der Anfang auf dem Weg zum inneren Sein. Rebalancing nimmt den Menschen sowohl in seinem körperlichen, wie auch in seinem seelischen und geistigen Leben wahr. Diese ganzheitliche Haltung kommt in einfühlsamer, tiefer aber respektvoller und liebevoller Berührung sowie im begleitenden Gespräch zum Ausdruck.
Was KlientInnen an der Rebalancing-Behandlung besonders schätzen, ist die stets veschiedenartige, achtsame und langsame Vorgehensweise. Während der Behandlung wird bewusst Zeit gelassen, sich selber über die Berührung besser wahrzunehmen, der körperlichen und emotionalen Wirkung nachzuspüren und über den Atem noch tiefer zu entspannen.

In Kürze:
Rebalancing ermöglicht tiefe Entspannung, verbessert Körperhaltung und Beweglichkeit, vertieft die Atmung, aktiviert Stoffwechsel und Immunsystem. Rebalancing lässt den eigenen Körper und Gefühle stärker bewusst werden. Es lindert Schmerzen, regt Lebensfreude, Kraft, Wohlbefinden und den Kontakt zum eigenen Sein an. Auf diese Weise eröffnet Rebalancing den Weg zu mehr innerem und äusserem Gleichgewicht. (weitere Infos siehe Rebalancer-Verband Schweiz RVS, www.rvs-rebalancing.ch)

Autor:
Benno Gassmann, Bärenfelserstr. 10, 4057 Basel
e-mail: bega@hispeed.ch, www.rebalancing-bega.ch

Die Geburt meiner spirituellen Verbundenheit

Dargestellt anhand einer Lebenskrise in den Wechseljahren oder warum ich weiss, dass das nachfolgende Zitat von Ken Wilber wahr ist:

„Der Mensch entwickelt sich von einem körperlich-emotional orientierten Wesen (body) über eine mentale Persönlichkeit (mind, selbst) zu einem Menschen, der sich schliesslich seiner Identität (Selbst) mit dem absoluten Geist (soul/spirit) bewusst ist – das ist Spiritualität."

Frühling 2001: Ich weiss (noch) nichts vom Nadelöhr, durch welches ich zu gehen habe, aber ich ahne, dass mein Leben bald eine Wende nehmen wird. Vor vier Jahren haben wir uns einen Lebenstraum erfüllt. Wir haben ein Schiff namens TAO (der Weg) erworben und uns eine Auszeit auf dem Meer gegönnt. Wir haben verschiedene Kulturen kennen gelernt und mit der Natur gelebt: Wind, Wellen, Unwetter und auch viel Sonnenschein waren unsere Begleiter. Die vielfältigen Naturerfahrungen spiegelten sich in unserer Beziehung wider; auf diesem kleinen Raum in einer Partnerschaft zu leben war die grösste Herausforderung, fern von unseren ehemaligen Strukturen. Jetzt sind wir im Süden von Italien in einer Werft. Mit meinem langjährigen Lebenspartner bereite ich unser vierjähriges Zuhause für eine Pause vor. Bei unseren Aufräumarbeiten an Land wird mir öfters schwindlig, was mich verunsichert und ängstigt. Oft habe ich das Gefühl, dass der Boden unter meinen Füssen weggezogen wird.

Wir reisen von Italien zurück in unsere Heimat – Gespräche über die gemeinsame Zukunft vermeiden wir. Mein Lebenspartner, mit dem ich fast 20 Jahre zusammen war, entfernt sich emotional von Tag zu Tag mehr, ich fühle mich machtlos, unentschlossen, gefangen in meinen Urgefühlen der Kindheit, aber der mentale Zusammenhang fehlt.

Mai 2001: Das Leben geht weiter; ein Freund vermittelt mir eine zweimonatige Anstellung als Deutsch-Lehrerin in einem Asylzentrum. Die Schüler schaffen es, mich kurzfristig aus meiner Lethargie herauszuholen, ich fühle mich nicht wohl, aber immerhin ist da ein hauchdünner Faden zur Wirklichkeit, welche mir abhanden gekommen scheint.

Juni 2001: Eine tiefe unerklärliche Sehnsucht zieht mich zu meinem Mann, gleichzeitig spüre ich eine unendliche Angst, welche mein Herz rasen lässt. Ich besuche ihn in seinem Elternhaus, wo er übergangsmässig wohnt. Wir sind ungestört, aus dem Nichts kommt für mich seine Aussage: „Ich will mich von dir trennen!" Eine noch nie wahrgenommene Trauer und gleichzeitig ein unbeschreibliches Gefühl der Erleichterung überkommen mich. Aus mir sagt es fast tonlos: „Ich bin so enttäuscht." Ich empfinde eine tiefe Nähe und gleichzeitig eine riesige Distanz zwischen uns und bin mit jeder Faser meines Körpers präsent. Ich kann meine Gefühle nicht einordnen und fahre zurück zu meinem Vater, wo ich Unterschlupf gefunden habe, die Tränen quellen aus mir wie aus einem übervollen Brunnen.

Meine Ängste vor allem und jedem verstärken sich, ich stelle mir vor, dass mein greiser Vater mich konstant beobachtet, was mich veranlasst, mein Kinderzimmer im Elternhaus nicht mehr zu benützen und im Besuchszimmer am Boden zu schlafen, immer mit einer brennenden Kerze, die mich beschützen soll. Gleichzeitig nagt das schlechte Gewissen an mir, ich könnte das Haus anzünden. Der Schlaf will nicht zu mir kommen, essen finde ich schrecklich, innert einem halben Monat nähere ich mich einer Mannequin-Figur. Und ich bete zu diesem Gott, der mich leiden lässt, aber er scheint mich nicht zu hören. Ich verberge meine Tränen, meine Trauer, meine kaputte Beziehung. Schlafwandlerisch bewege ich mich während Wochen mit dem Wunsch: „Die Zeit soll vorbeigehen, wenn ich nur sterben könnte." Sekunden werden zu Stunden, Stunden werden zu Tagen – meine Sehnsucht, meine Trauer, meine kaskadeartig auftretenden Gefühlsschwankungen lassen mir keine Ruhe.

Unendlich lang sind die Sommerabende, ich bin rastlos unterwegs in den Auen, Wäldern, auf den Bergen, ohne Kontakt zu meinen Mitmenschen. Dann wieder überfällt mich eine Lethargie, die mich hindert, irgendetwas zu bewegen. Meine tief empfundene Verlassenheit, d.h. kein eigenes Zuhause, keinen Lebenspartner, kein berufliches Eingebundensein, beschäftigt mich. Ich schäme mich, Freunde zu besuchen, das physische Zusammensein mit meinem Vater im Elternhaus reaktiviert täglich alte körperliche Erinnerungen, ohne den jeweiligen Text dazu zu liefern. Und trotzdem gibt's diese kleinen feinen Momente, wo ich mich ganz tief innen spüren kann, ich empfinde sie als grossen verborgenen Schatz.

Juli 2001: Ich fühle mich ganz allein, ich empfinde eine Sehnsucht nach dem ehemals Geliebten, die mich fast verbrennt, gleichzeitig eine Killerwut auf ihn. Ein neues Gefühl, ich merke, dass diese Wut mir Kraft gibt, aber das schlechte Gewissen plagt mich. Meine katholische Erziehung, von der ich mich intellektuell vor vielen Jahren verabschiedet habe, verbietet meinem Körper immer wieder, wütend zu sein und meine Lebendigkeit zu spüren.

Zum ersten Mal in meinem Leben beanspruche ich die Hilfe eines Therapeuten im benachbarten Ort. Meine Freundin drängt mich zu diesem Schritt – ich wäre nicht auf einen solchen Gedanken gekommen. Ich fühle mich wie auf der Anklagebank, schuldig und mit einer tiefen Scham behaftet. Er spürt meine Unsicherheit, dank seiner umsichtigen Art erreicht er mich nach einigen Stunden und hilft mir, meine Lebensquellen sanft und bestimmt herauszukristallisieren. Ich bin unendlich dankbar, dass ich den Schritt getan habe, dass mein Knoten im Hals sich zu lösen beginnt. Wie als Lotto-Gewinnerin fühle ich mich, als er mir nach einigen Sitzungen bestätigt: „Dein Körper ist weicher und elastischer geworden." Ich kann diese Aufweichung spüren, der Lichtpunkt in mir und am Horizont wird grösser.

Hochsommer : In meinem Innern rührt sich viel und ich erlebe für mich Unglaubliches. An einem föhnig-heissen Sommerabend besuche ich eine Bekannte, die über den Bergen wohnt. Die eineinhalbstündige Rückfahrt mit dem Velo findet nach Mitternacht statt und plötzlich wird mir bewusst, dass mich nichts mehr ängstigt; kein Wald, keine knarrende Tür, auch kein Mensch. Das Jetzt ist da, es bedeutet „immer". Ich bin verdutzt, überrascht und dann kommt dieses unerwartete Glücksgefühl über mich und ich weiss, mein neues Leben beginnt jetzt. Ein Wunder?
Ich hüte für einige Tage das Haus meiner Bekannten an einem einsamen Ort; zum ersten Mal erfahre ich bewusst meine wahre Präsenz. Nach stundenlangem verkrampften Weinen löst sich der Druck und ich bin zufrieden wie ein Baby. Alle meine Sinne sind auf Empfang, ich liege im Gras und freue mich an Kleinigkeiten wie einer Brise, einem Schmetterling auf meiner Haut, einer duftenden Rose im Garten.

Herbst 2001: Ich fokussiere meine ganze Hoffnung auf die neue Arbeitsstelle in der Stadt. Das Wiedereintauchen in die Arbeitswelt nach meiner vierjährigen Auszeit wird zu einem Fiasko mit neuen körperlichen und seelischen Wunden. Die Arbeit vermag mich nicht zu begeistern, meine Augen schmerzen, ich fühle mich gemobbt unter den jungen Mitarbeitern. Der einzige Lichtpunkt ist mein neues Zuhause in der Stadt. Trotz Anonymität bin ich immer wieder ganz bei mir, dieses unbeschreibliche Gefühl, welches ich immer öfters verspüre, obwohl eigentlich gar nichts stimmt in meinem äusseren Umfeld.

Winter 2002: Mit meiner Freundin besuche ich ein Seminar in „Geistigem Heilen". Ich spüre, dass meine unendlich lange emotionale Durststrecke sich verabschiedet; eine innere Begeisterung taucht auf, ich bin aufgehoben in einer Gruppe von Menschen. Wir alle suchen das Heil - für uns und für die Anderen. Die Kurstage unterbrechen in erfrischender Weise meinen öden Alltag, nichtsdestotrotz empfinde ich meine emotionalen Wellenbewegungen bei der Arbeit und in meinem Privatleben als Single belastend, ich weine mich durch viele Nächte.

Sommer 2002: Ich bin sehr unzufrieden und unglücklich in meiner Arbeit, ich habe das Gefühl, meine Lebensenergie zu verschwenden. Ein Vorstellungsgespräch verschafft mir eine tief empfundene Bestätigung für meine Fähigkeiten als Berufsfrau, ich atme auf. In der Schlussrunde werde ich zwar übergangen, trotzdem bin ich beflügelt und erweitere meine Ressourcen mit Aktivitäten, die mich früher zutiefst beschämten und mich in grosse Ängste trieben: selbständige Wanderungen in den Bergen, Besuche von Veranstaltungen, fremde Menschen kontaktieren. Langsam fühle ich mich wohl als Single, als Frau, als eigenständiges Wesen.

Winter 2003: Mein Selbstwertgefühl ist immer noch nicht so ausgebildet, dass ich mir meiner Fähigkeiten bewusst bin, ich bin dankbar für Bestätigungen von aussen. So auch an meiner Prüfung als Heilerin. Meine Behandlung ist erfolgreich, und noch etwas ungläubig höre ich meinen Lehrer im Livitra sagen: „Traumaheilung ist dein Thema, du wirst mit Menschen arbeiten, die in einer tiefen Sinnkrise stecken. Deine persönlichen Erfahrungen und deine Bindungsfähigkeit helfen dir, die Hilfesuchenden auf ihrem Weg zu begleiten." Zwei Monate später starte ich meine Ausbildung in Somatic Experiencing® und erhalte in den folgenden Jahren das „Textbuch" zu meiner Lebensgeschichte, aufgeteilt in übersichtliche Kapitel. Und immer wieder stelle ich fest: das bin ja ich, dieses Trauma kenne ich auch. Und ich erhalte die für mich eminent wichtige Bestätigung, dass die Abwärtsspirale bei frühen Entwicklungstraumata ganz schwierig zu stoppen ist ohne Hilfe von aussen.

Zwei Jahre, welche mein Leben verändert haben – von der tiefen Verzweiflung in die Kraft, den Grossen Geist (soul/spirit) zu spüren. 13 Jahre später: Heute lebe ich mit meinem Lebenspartner in St. Gallen und begleite traumatisierte Menschen in eigener Praxis. Mein Eingebundensein im sozialen Leben (mein Geliebter, meine Freunde und Berufskolleginnen) wie auch meine Liebe zur belebten Natur in den Bergen helfen mir, die vielfältigen Herausforderungen zu meistern. Ich lebe TAO: selbstbewusst, mit allen Hochs und Tiefs, ICH BIN.

Autorin:
Hildegard Zäch, Dufourstrasse 109, 9000 St. Gallen
e-mail: info@hildegardzaech.ch, www.hildegardzaech.ch

Heilen in Seelenverbindung

„Ich bekämpfe keine Krankheiten – ich begleite Menschen"

Ich bin im Wallis in einem Bergdorf aufgewachsen. Als Kind war ich oft allein - und doch nicht. Meine Eltern mussten viel arbeiten und wir Kinder halfen mit. Viele Arbeiten tat man alleine. Ein prägendes Erlebnis war das „Wässern" der Matten. Eine Person schlug oben eine Platte in den Wassergraben und ich wartete zuunterst der Wiese, bis das Wasser über die Wiese kam. Das dauerte dann immer eine kleine Ewigkeit. Wenn ich das glitzernde Wasser kommen sah, schrie ich: "S'isch da!" Die Platte wurde versetzt und ich wechselte den Standort. So ging das einen ganzen Nachmittag. Dort in der Natur, auch beim Geissen hüten, fand ich immer wieder Kontakte zu Naturwesen und manchmal auch zu Verstorbenen. Mich freuten diese Begegnungen, sie beglückten mich, ich fühlte mich dann nicht einsam und allein. Niemand redete von den Begegnungen mit der feinstofflichen Art und so dachte ich; jeder hat solche Begegnungen aber darüber redet man nicht. War ich ja doch sowieso eher ein wortscheues Wesen.

Meine Mutter wurde im Dorf immer geholt wenn jemand im Sterben lag oder schon gestorben war. Manchmal am Abend erzählte sie respekt- und ehrfurchtsvoll, aber nie beängstigend, von ihren Erfahrungen mit den Sterbenden und Verstorbenen. Meine vier Schwestern meinten oft, dass ich anders sei als sie, dass ich irgendwie in fremden Schuhen unterwegs sei. Bei den Erzählabenden meiner Eltern schien ich die einzig Interessierte unter den Kindern. Mir tat es jedoch sehr gut zu spüren, dass auch ich, trotz meiner speziellen Wahrnehmungen normal war, und nicht allein anders war.

Als Jugendliche erlebte ich in einer Selbstverständlichkeit, dass die Menschen zu mir kamen um mir ihre Sorgen und Leiden anzuvertrauen und manchmal auch um Rat zu fragen, oder mit der Bitte, sie ein wenig festzuhalten. Ich bin und war verschwiegen, was allgemein bekannt war und sehr geschätzt wurde.

Später kam ich auf eigenen Wunsch in die, „Deutschschweiz" weil ich unbedingt den Beruf zur Sozialpädagogin erlernen wollte und dies im Wallis nicht möglich war. Bei einem Besuch an einem Fest zuhause klemmte sich ein 11 jähriges Mädchen den Finger in einer zuschlagenden Autotür ein und schrie herzzerbrechend auf. Ich nahm sie in die Arme, hielt ihren zerquetschten Finger in meinen Händen, bat um Heilung, das Mädchen verstummte, schaute auf ihren Finger und strahlte mich an. Der zerquetschte Finger war spontan geheilt. Ich war selbst überrascht und natürlich beglückt, dass diese Spontanheilung stattfinden konnte.

Später gründete ich mit meinem Mann eine heilpädagogische Pflegefamilie. Wir nahmen zu unserer leiblichen Tochter sechs sozial benachteiligte Pflegekinder zu uns in die Familie auf. Während 25 Jahren waren wir in erster Linie als Pflege- und Ersatzeltern mit allem drum und dran für die Kinder da.

Vor gut 20 Jahren hörte ich zum ersten Mal, dass es Mediums und Heiler gibt. Interessiert meldete ich mich zu meiner ersten medialen Sitzung an. Dabei wurde ich gebeten, meine heilerischen Gaben Menschen zu Verfügung zu stellen. Da „unsere" Kinder junge Erwachsene und selbständig wurden, nutzte ich die frei werdende Zeit um mich weiterzubilden. Ich besuchte bei Georges-Paul Huber die Heilerausbildungsseminare und widmete ich mich auch sonst zunehmend der Entwicklung meiner Spiritualität, Sensitivität und Trance-Medialität. Mehrfach wurde ich auch angefragt für Sterbebegleitungen. Zuhause richteten wir für mich ein freies Zimmer als Praxisraum ein. Durch Mund-zu-Mund-Propaganda kommen Menschen zu mir in die Heilberatungen und –begleitungen und fragen mich auch an für die Sterbebegleitung.

Heil werden - Heil sein ist ein sehr individueller Prozess und hat immer auch mit den eigenen Selbstheilungsenergien zu tun. Es stellt sich ja auch immer wieder die Frage: Will ich wirklich gesund werden, gesund leben und sein und wenn ja, was ist anders als in der jeweiligen Krankheitssituation oder der Bedrängnis. Was stört mich selbst in der jetzigen Lebensweise? Was wird wie anders, wenn ich es verändere? Die Erfahrungen als „Sterbeamme" lernte mich, dass es im Leben nie auf das Viele, die Menge, die Quantität ankommt, sondern auf die Qualität, und am Ende des Lebens sich einzig die Frage stellt: "Wie habe ich gelebt?"

Wie bei so vielem im Leben braucht es manchmal zur eigenen Energie, eine Zusatzenergie, wie ein „Gehstock oder eine Krücke", ein zusätzliches Hilfsmittel, um etwas zu überdenken, zu beschauen, etwas wieder in Gang zu bringen oder zu korrigieren. Manchmal reicht es, eine heilende Hand aufzulegen, heilvolle unterstützende und überdachte Gedanken auszusprechen, die Verbindung von Seele zu Seele, manchmal braucht es die Zusatzenergie von den geistigen Heilhelfern und die Verbindung mit der universellen Heilquellenenergie aus der Urschöpfungskraft.

Im Verlauf der Jahre durfte ich ganz viele beglückende Heilwirkungen erleben. Vor gut 10 Jahren hatte mein Mann eine Hirnblutung und danach drei Hirnschläge. Innig stand ich ihm zur Seite und bat immer wieder um Heilung und Hilfe. Es folgten 4 Monate Spitalaufenthalt und Rehabilitation. Er wurde im Verlauf eines Jahres wieder ganz gesund und konnte danach wieder all seinen Tätigkeiten nachgehen. Meine Dankbarkeit ist bis heute riesengross und ich entwickelte in dieser Zeit ein inniges vertrautes Freundschaftsverhältnis zu meinen geistigen Heilhelfern.

Zunehmend behandelte ich danach in meinem Praxisraum zuhause Menschen die heilvolle Unterstützung wünschten. Auffallend viele Kniebeschwerden konnten oft nach einer oder zwei Behandlungen geheilt werden. Es gibt Menschen die kommen gerne in gewissen Rhythmen immer mal wieder. Sie sagen, sie fühlten dann eine gute, ihnen zur Verfügung stehende Grundenergie, die ihnen das Leben leichter mache. Bei psychischen Leiden, Erschöpfungs- und Depressionszuständen braucht es oft eine längere Zeit der Heilbegleitung bis Erfolge bemerkt und genutzt werden können. Manchmal kommen auch mehrere Personen mit einem Auto: zuerst eine Person, dann zwei, dann drei und mit der Zeit kommt eine vierte dazu. An einem Tag mache ich jedoch höchstens vier Behandlungen, da ich für jeden einzelnen Menschen genügend Achtsamkeit und Aufmerksamkeit haben will.

Es kam vor vier Jahren ein Mann zu mir mit Herzrhythmusstörungen, Kopfschmerzen, Atembeschwerden und Schwindel. Gleich nach dem ersten Treffen verschwanden die Beschwerden, er ist aber überzeugt dass er es nötig hat viermal im Jahr die heilvolle Energie zu empfangen, damit es ihm weiterhin so gut geht. Zwischendurch hatte er mal grosse Beschwerden in seinem rechten Knie. Er suchte den Arzt auf und bekam einen OP-Termin. Zwischenzeitlich kam er zu der seit längerem vereinbarten Energiebehandlung. Er erzählte mir von seinem Problemknie, dass er es bald operieren lassen müsse. Ich schloss es in die Behandlung ein, die Beschwerden verschwanden und er konnte den OP-Termin absagen.

Selten kommen aber auch Menschen zu mir, die von grosser Ungeduld geprägt sind. Es sollte alles möglichst sofort und ohne Kosten gut werden. Oft sind es Menschen die noch nicht bereit sind, ihre Schattenmomente zu beachten und sich neuen Gesinnungen zuzuwenden. Sie möchten, dass die Heilerin per Telefon oder einem einzigen mal Hände auflegen Wunder bewirkt. Aber welche Wunder sollten es denn sein, und wie würde dann damit weiter gelebt? Heil werden –heil sein hat nach meinen Erfahrungen und Erlebnissen viel mit dem Prozess der achtsamen und liebevollen Verinnerlichung zu tun, mit der Versöhnung, der Eigenliebe und Wertschätzung sich und allem Sein gegenüber. Heilen hat immer auch etwas Geheimnisvolles,

Mystisches an sich und es ist nicht immer alles klar ersichtlich oder kann über den Verstand erklärt werden. Der Glaube ans Heil-werden-können hat sicher eine grosse unterstützende Zusatzkraft.

Die heilenden Energien sind oft sehr sanft, oft fast nicht spürbar wahrnehmbar und dennoch werden die positiven Veränderungen wahrgenommen und geschätzt und ein Prozess kommt in Gang. Manchmal kommt es aber auch vor, dass ein Wesen sich in einer Behandlung und danach so fühlt als ob gerade an ihm operiert würde. Es braucht dann manchmal auch 2-3 Tage nach der Behandlung eine Erholungszeit. Bis jetzt durfte ich aber erleben, dass nach solchen Empfindungen das Leiden verschwunden war oder eine deutliche Linderung verspürt wurde.

Jede Heilbehandlung ist individuell, wie auch jeder Heilmoment oder Heilprozess. Das Heilen ist für mich immer wieder ein heiliger Moment und ich verspüre eine grosse innere Dankbarkeit für diese Gabe.

Autorin:
Hofmann-Furrer Sisy / Anna-Luise, Dorf 50, 4539 Farnern
e-mail: an.ho-fu@gmx.ch, www.HerzensGut.ch

Ein hochbetagter Fernsehgast

Eines Morgens rief mich eine Atemtherapiekollegin an und fragte, ob ich ganz kurzfristig Zeit fände für eine Behandlung für einen damals 101-jährigen Mann, Herrn G. Sie kenne die Ehefrau, 80-jährig und diese habe sie angefragt, ob sie für ihren Gatten eine Fussreflexzonen-Therapeutin wüsste. Der Grund für die Eile war, dass Herr G. bei Kurt Aeschbachers Talksendung, SFDRS eingeladen war und trotz Hörgeräten sehr schlecht hörte. Die Ehefrau hatte sich erhofft, dass diese Behandlung vielleicht sein Gehör für diesen Auftritt kurzfristig verbessern würde, damit er die Fragen des Fernsehmoderators gut verstehen könne. Das Thema des Abend lautete: „Alte Freunde".

Ich setzte mich sofort mit seiner Ehefrau in Verbindung und machte einen Behandlungstermin aus. Das Ehepaar kam noch am selben Nachmittag in meine Praxis. Gespannt, wen ich da vor mir haben würde, nahm ich einen stattlichen, grossen Mann in Empfang, der trotz hochbetagtem Alter, rüstig, mit Stock und zu Fuss von zu Hause her kam. Fast wie ein junger Turner schwang er seine Beine auf die

Liege und harrte der Dinge, die da auf ihn zukommen würden. Er hatte zuvor noch nie eine Fussreflexzonenbehandlung erlebt. Eine Unterhaltung war entsprechend schwierig, da ich von seinen Füssen aus meine Stimme schon ziemlich erheben musste, damit er mich verstand. Ansonsten lauschte er in sich hinein und gab wenig von sich. Ich achtete sehr gut darauf, wie Herr G. sich auf der Liege verhielt, um sofort bereit zu sein, sollte eine ungewollte Reaktion bei ihm auftreten.

Mein Ziel war klar, ich wollte versuchen, dass er dem Aeschbacher-Talk am nächsten Abend im Fernsehen gut folgen könne. Ich setzte meinen Schwerpunkt auf eine Akutbehandlung für seinen Hörbereich und wählte neben der Symptomzone Ohren vielfältige Hintergrundszonen. Daneben versorgte ich ihn mit genügend Ausgleichsgriffen. Der Patient war sehr entspannt und genoss die Behandlung an den Füssen sichtlich. Nach gebührender Nachruhe fand er, dass die Behandlung sehr angenehm gewesen sei und ging mit seiner Frau am Arm zufrieden nach Hause.

Am anderen Abend schaute ich mir die Fernsehsendung von Kurt Aeschbacher mit Herrn G. an und war erstaunt, wie selbstverständlich er auf fast jede Frage sofort ausführlich antworten konnte. Niemandem war seine Schwerhörigkeit aufgefallen und auch Kurt Aeschbacher redete nicht sehr viel lauter als gewöhnlich. Die Sendung war ein voller Erfolg. Herr G. erhielt einen tosenden Applaus für sein langes, bewegtes Leben, aus dem er ausführlich erzählt hatte.

Am nächsten Tag rief Frau G. an und berichtete glücklich und stolz, wie gut ihr Mann nach der Behandlung gehört und wie sicher er sich während der Sendung gefühlt habe. Bis auf eine einzige Frage sei ihrem Mann alles sofort verständlich gewesen.

Nach diesem Erlebnis kam Herr G. während zwei Jahren, bis ein halbes Jahr vor seinem Tod, etwa einmal monatlich zur Behandlung. Die Reflexzonentherapie hat ihm jedes Mal sichtlich gut getan. Er hatte neben der Höreinschränkung noch anderen Behandlungsbedarf. Ich werde Herrn G. in lebhafter Erinnerung behalten, denn er kam immer sehr gern zu mir und freute sich jedes Mal, mir seine Füsse entgegenstrecken zu dürfen. Und ich war erstaunt über die Wirkung und die Reaktion auf die Behandlung, die mir von der Frau jedes mal ausführlich geschildert wurde. Die Geschichte mit Herrn G. zeigt eindrücklich, dass die Regenerationskraft eines Menschen bis ins höchste Alter erhalten bleiben kann.

Autorin:
Lucie Zaugg-Leiser, St.Alban-Tal 42, 4052 Basel
e-mail: mail@fuesseundblueten.ch, www.füsseundblüten.ch

Mein Lebensweg zur Energiearbeiterin

Ich sehe mich als Erstklässlerin auf dem Weg ins Schulhaus Stampf. Mein Schulweg führt an der „Spar- und Leihkasse" vorbei. Noch schnell auf die Mauer geklettert, um über den Zaun zu spähen. Marlene, meine grosse Schwester arbeitet nämlich da drin. Schon öffnet sie das Fenster, um mir zuzuwinken. Hinter ihr erscheint Herr Häfele, der Bankleiter. „Wenn du gross bist, kommst du dann auch einmal zu uns, gell Nildeli?!" ruft er mir lachend zu.

Meine Berufswahl ist getroffen.

Jugendlicher Reiter trifft auf Girl mit scheinbar endlos langen Beinen in Röhrli-Jeans. Liebe auf den ersten Blick. Kurz darauf hat meine zukünftige Schwiegermutter gleich zwei Hiobsbotschaften in derselben Woche zu verkraften: Nero, ihr lieber treuer Hund stirbt an Altersschwäche und Hanspeter, ihr Nesthäkchen, will (muss?!) heiraten! Es wird eine romantische Kutschenhochzeit im August. Für uns als Brautpaar gibt es nicht den Hauch eines Zweifels: Wir sind füreinander bestimmt, erwachsen und reif für diesen Schritt. Unsere Familien signalisieren, nachdem der erste Schrecken verdaut ist, liebevolle Akzeptanz ohne Wenn und Aber.

Auch im Lehrbetrieb und an der Schule erfahre ich Verständnis und Goodwill. Die Lehrabschlussprüfung bewältige ich zwischen Stillen und Windel-Wechseln. Danach gehe ich auf in der Rolle als Ehefrau und Mutter. Ich darf mich voll und ganz unserem kleinen wunderbaren Töchterchen Carla Maria widmen. Die Arbeit auf der Bank reduziere ich auf ein Teilzeit-Pensum als Ferienaushilfe.

Es folgen mit je einigen Jahren Abstand zwei weitere einzigartige Töchterchen: Andrea Emanuela und Petra Katharina. Jetzt ist unsere Familie komplett. Wir leben auf dem Land, in einem Haus mit Pferdestall und viel Umschwung. Mein Lebens-Rhythmus wird bestimmt von den Bedürfnissen der Familie, der Arbeit im und um das Haus, den gemeinsamen Ferien und Feiern im Jahreskreis.

Plötzlich wird diese unbeschwerte Zeit von einer beängstigenden Prognose überschattet: Hanspeter leidet an einer gemäss Aussage der Ärzte unheilbaren Krankheit. Die physische Auswirkung ist eine schleichend zunehmende Gehbehinderung. Er denkt nicht daran, diesen Schicksalsschlag kampflos einzustecken und er beschliesst als „Flucht nach vorn" an der Uni Zürich Geografie zu studieren. Ich erkenne intuitiv, wie wichtig diese Herausforderung für ihn ist und bekräftige ihn. Das betrachte ich noch heute als ein Schlüsselerlebnis: Dem eigenen Gefühl zu vertrauen und zu folgen, vielleicht sogar gegen jede Logik und dann erfahren zu dürfen, wie sich eine Tür nach der anderen öffnet, das scheinbar Unmögliche möglich wird....

Auch ich möchte nicht stehen bleiben und finde es an der Zeit, meinen Horizont zu erweitern. Sinn- und Glaubensfragen treten in den Vordergrund. Plötzlich habe ich das Gefühl, diesbezüglich in den Kinderschuhen stecken geblieben zu sein. Der erste Schritt, dem abzuhelfen, ist ein Glaubenskurs. Das schmeckt nach mehr. Es folgt die Ausbildung zur Religionslehrerin.

Während zwölf Jahren unterrichte ich interkonfessionell auf der Unter-, Mittel- und Oberstufe, zuletzt mit einem Pensum von 60 %. Diese Arbeit lässt sich zeitlich wunderbar ins Familienleben integrieren. Aus der inhaltlich reichen Arbeit und den Kontakten mit den Schülerinnen und Schülern unterschiedlichen Alters, im Kolleginnenteam aber auch mit den Eltern schöpfe ich Freude, Kraft und Segen.

Dann kommt der Bruch. Scheidung. Als Konsequenz gebe ich meinen Beruf als Religionslehrerin auf. Und wie nach dem Motto „ganz oder gar nicht" erleide ich einen Skiunfall mit dreifachem Beckenbruch. Während ich buchstäblich flach liege, habe ich Zeit zum Nachdenken und zur Neuorientierung.

Als 40-Jährige mit nur wenig praktischer Erfahrung im Bankenwesen habe ich das Glück, bei einer Bank in Liechtenstein im Privatbanking den Wiedereinstieg zu schaffen. Diese Chance möchte ich unbedingt packen. Es gelingt Dank ganzem Einsatz.

Nach fünf Jahren wechsle ich zu einer Regionalbank als Kundenberaterin. Schliesslich leite ich das Team der Privatkundenberater über drei Geschäftsstellen. Ich bin beruflich angelangt, wo ich mir nicht erträumt hätte hin zu kommen.

Auch privat reite ich auf der Glückswelle. Eine neue Liebe ist wie ein neues Leben, lalala! Im Februar 2009 trauen sich Peter und ich - eine Hochzeitsfeier wie aus einem Wintermärchen!

Führungssitzungen, Meetings, Teamsitzungen, Mitarbeitergespräche, Regulatorien und noch mehr Regulatorien machen meinen beruflichen Alltag aus. Die Kundenberatung, jene Arbeit, die meinem Naturell am ehesten entspricht, nimmt immer weniger Platz ein. Es kommt mir vor, den Angestellten wird immer mehr abverlangt. Als Vorgesetzte setze ich zuweilen harte Massnahmen um. Was aus betriebswirtschaftlicher Sicht verständlich sein mag, ist nach meinem Empfinden menschlich je länger je weniger nachvollziehbar.

Plötzlich fällt es mir wie Schuppen von den Augen: Das bin gar nicht mehr ICH!

Erst versuche ich, mir die materielle Sicherheit und Begünstigungen vor Augen zu führen. So etwas wirft man doch nicht einfach über Bord! Darauf habe ich doch mit Ehrgeiz und unter hartem Einsatz hin gearbeitet!
Vergeblich. Wie schon an anderer Stelle erwähnt: Ich bin nun mal ein Ganz-oder-gar-nicht-Typ. Noch im selben Monat reiche ich die Kündigung ein.

Ehrensache, dass ich die letzten Monate auf der Bank vollen Einsatz bringe, um meine Arbeit so gut als möglich abzuschliessen und die Übergabe zu organisieren. Eine liebe Freundin schenkt mir einen Gutschein für eine Facial Harmony Sitzung mit den Worten: „Du bist so gestresst, tu dir mal was Gutes"! Facial Harmony? Was soll das sein? Keine Ahnung und im Moment sowieso keine Zeit, Erkundigungen einzuziehen! Aber ein bisschen Entspannung könnte nicht schaden... Den ersten Termin vergesse ich glatt. Beim zweiten komme ich zwanzig Minuten zu spät direkt von der Arbeit angehetzt. „Eine halbe Stunde zum Relaxen wird schon reichen?" entschuldige ich mich. Die Therapeutin verneint und gibt mir einen neuen Termin. Beim dritten Anlauf klappt es. Und wie! Ich bin mir nach nur einer einzigen Anwendung total sicher: Das ist es! Das möchte ich unbedingt lernen! Mit diesen wunderbaren Energien möchte ich arbeiten. Helga Leitner ist Facial Harmony Practicioner und Naturheilerin mit langjähriger Erfahrung. Sie hat ihr Studio in Grabs SG. Ich brauche nicht viel zu sagen. Sofort ermutigt sie mich, diesen Weg einzuschlagen und empfiehlt mir als Ausbildungsplatz Gröbenzell bei München. Inzwischen bin ich selber Facial Harmony Practicioner und tausche mich regelmässig mit Helga aus. Das ist ein Glück für uns beide.

Facial Harmony ist eine ganzheitlich energetische Methode. Während der Sitzungen befindet sich die Klientin oder der Klient im sogenannten „Alpha-Zustand", das heisst zwischen Wach- und Schlafzustand. In diesem Bewusstsein besteht die Möglichkeit, alte Muster zu erkennen und aufzulösen. Deshalb wird gerne mit Themen gearbeitet. Diese können auf verschiedene Arten eruiert werden. Helga zum Beispiel setzt dafür die Kinesiologie ein. Ich selber nehme gerne meine Karten zu Hilfe. Wie ich zum Kartenlegen gekommen bin, ist wieder eine andere Geschichte. Jedenfalls fasziniert es mich schon lange. Zuerst nur im Familien- und Bekanntenkreis ausgeübt, fast kann man sagen im Verborgenen, weil es mir so gar nicht in das Berufsbild der Bankerin zu passen schien, bin ich heute froh, meine Kenntnisse integrieren und kontinuierlich erweitern zu können.

Mein Weg zur Energiearbeiterin mag auf den ersten Blick verschlungen erscheinen. Aber wessen Weg verläuft schon geradlinig?!

Meine Überzeugung ist: Wenn ich dort, wo ich JETZT stehe wachsam bin, mein Bewusstsein auf meine Gaben und Talente in mir richte und das Beste gebe, bieten sich mir viele Chancen. Dann liegt es an mir, diese zu ergreifen und den Nutzen daraus zu ziehen. Zum höchsten Wohle für mich und die anderen.

Autorin:
Leonilde Benz, Grüel 22, 9475 Sevelen
e-mail: leonildebenz@gmx.ch, www.leonilde.ch

Schleudertrauma

«Ich hatte jeglichen Halt im Leben und in mir selber verloren»

«Wer die Erde nicht berührt,
kann den Himmel nicht erreichen.»

 Es ist für mich nicht selbstverständlich, dass ich heute selber als Atemtherapeutin tätig sein darf. Ich erlitt vor nunmehr fünfzehn Jahren bei einem Skiunfall ein Schleudertrauma mit massiven physischen und psychischen Auswirkungen, die mich über lange Zeit von jeglichen Lebensmöglichkeiten abschnitten. Inzwischen kann ich vom Erlebten erzählen, ohne dass mich der Schrecken des damaligen Ereignisses wieder überflutet. Es war ein langer und oft schwerer Weg zurück ins Leben. Die Atemtherapie hat wesentlich dazu beigetragen, dass ich wieder inneren Halt und Vertrauen gefunden habe: «Sie war eigentlich meine Lebensrettung.» Das bewog mich dazu, mich zur Atemtherapeutin ausbilden zu lassen.

An einem strahlenden Wintertag im März 1999 passierte der verhängnisvolle Sturz, der mein Leben grundlegend veränderte. Ich war mit Freunden nach Savognin zum Skifahren gereist. Bei einer der ersten Abfahrten verlor ich auf der eisigen Piste die Kontrolle über meine neuen Carving-Skis und überschlug mich in der Folge mehrmals mit hoher Geschwindigkeit. Ich wurde richtiggehend in die Luft hinausgeschleudert. Zuletzt schlug ich mit dem Rücken und dem Hinterkopf auf den betonharten Boden, dabei hörte ich ein lautes, krachendes Geräusch in meinem Schädel. Wie ich anschliessend noch ins Tal hinuntergefahren bin und die Heimreise selbständig bewältigen konnte, ist mir rückblickend kaum erklärbar. Ich muss mich in einem absoluten Schockzustand befunden haben, in dem ich einfach automatisch handelte. Während der Heimfahrt im Auto wurden die Verspannungen im Kopf, Nacken und Rücken jedoch immer schlimmer. Mein Körper fühlte sich an wie ein gespannter Bogen; jede noch so kleine Bewegung schmerzte. In der Nacht fand ich vor lauter Schmerzen keinen Schlaf und suchte am folgenden Morgen umgehend meinen Hausarzt auf. Er diagnostizierte ein Schleudertrauma, ohne mir jedoch die adäquaten weiteren Abklärungen und Therapien zu vermitteln. Ich bekam beruhigende Medikamente, einen Halskragen und den Auftrag, mich nach einer Physiotherapie umzusehen.

Ich war für mehrere Wochen krankgeschrieben; danach stand ein bereits vorher geplanter Stellenwechsel an, auf den ich mich sehr gefreut hatte. Ich konnte als Sendeleiterin zum Schweizer Fernsehen wechseln, mein Traumberuf stand damals in greifbarer Nähe. Schon allein deshalb wollte ich mir nicht eingestehen, wie schwerwiegend die Folgen des Unfalls waren. Einige Monate nach dem Sturz trat ich dann tatsächlich den neuen Job an. Am Anfang konnte ich mich noch einen Monat durchbeissen. Dann aber rebellierte mein Körper; starke Kopfschmerzen, Schwindelanfälle und Schlafprobleme machten mir zu schaffen. Es wurde offensichtlich, dass ich die geforderte Leistung nicht erbringen konnte. Nachdem der Chef mir die Entlassung angekündigt hatte, verlor ich vollends den Boden unter den Füssen. Für mich kam das damals quasi einem Todesurteil gleich. Ich war in dieser Zeit physisch und psychisch an einem Tiefst Punkt angelangt. Mit dem Verlust des Arbeitsplatzes hatte ich den letzten Anker verloren. Mein Leben war nur noch eine grosse Leere. Meine Partnerschaft war in die Brüche gegangen, Freunde hatten sich angesichts meines Zustandes zurückgezogen, ich hatte keine Arbeit und Aufgabe mehr, lebte allein in meiner Wohnung. Schmerz und Leiden bestimmten alles, mein Denken und Fühlen. Es ging nur darum, sitzen, stehen oder liegen zu können, die Kraft für alltägliche Verrichtungen aufzubringen. Manchmal wünschte ich mir nur noch, dass alles ein Ende hätte.

Doch irgendwo zutiefst im Innern war etwas, das mich im Leben hielt, die letzte Hoffnung nicht aufgeben wollte. In jenem Sommer erlebte ich dann – bezeichnenderweise wieder in Savognin – die erste Panikattacke. Da mein Zustand nun nicht mehr ambulant therapierbar war, konnte ich einige Wochen später, in eine auf psychosomatische Leiden spezialisierte Klinik eintreten. Dies brachte für mich die entscheidende Wende. Ich begegnete dort einer Ärztin, die mich von Anfang an ernst nahm und verstand. Für sie war sofort klar, dass meine körperlichen und seelischen Leiden ursächlich mit dem erlittenen traumatischen Sturz zusammenhingen. Es folgten neurologische Abklärungen, die bestätigten, dass die Kopfschmerzattacken, die Rücken- und Nackenschmerzen und die Schwindelanfälle eindeutig Folge des Schleudertraumas waren. In der Einzelpsychotherapie mit meiner Ärztin konnte ich das erlittene Trauma erstmals begreifen, anschauen und ansatzweise integrieren. Mein Körper war zum Fremden geworden. Die physischen Erschütterungen, Schmerzen und Verkrampfungen waren so belastend, dass ich innerlich vor meinem Körper floh. Ich hatte kein Körperempfinden mehr ausser Schmerz.

Obwohl ich mich nach dem Klinikaufenthalt nicht stabiler fühlte, war es nicht einfach, wieder nach Hause zurückzukehren. Mich erwartete dieselbe Leere wie zuvor, und ich verfügte noch nicht über genügend Kraft, ein neues Leben aufzubauen. Doch dann geschah etwas Entscheidendes: Ich kam in Kontakt mit der Atemtherapie. In der Klinik hatte ich die Adresse eines Arztes erhalten, der auf Schleudertrauma spezialisiert war. Er wies mich an eine Atemtherapeutin weiter, weil er damit gute Erfahrungen gemacht hatte. Dies sollte sich als wegweisender Schritt herausstellen. Es war eine Offenbarung! Die Atemtherapie wirkte wie Balsam auf meinen Körper und meine Seele. Bereits die erste Behandlung verschaffte mir die so dringend benötigte und ersehnte Entspannung, brachte etwas Lockerung und mehr Atem in meinen verhärteten Körper. Zum ersten Mal seit sehr langer Zeit konnte ich wieder richtig durchatmen.

Von dieser Stunde an war für mich klar, dass ich den Weg mit der Atemtherapie weitergehen wollte. Hier lag für mich die Spur zum Heilwerden aus dem tiefsten Innern. Dass es Zeit und Geduld brauchen würde, war mir von Anfang an klar. Ich ging fortan während drei Jahren jede Woche ein- bis zweimal in die Atemtherapie. Entscheidend war für mich nicht zuletzt, dass ich mich dort von Anfang an mit allem, was zu mir gehörte, angenommen und getragen fühlte, frei von jeglichen Anforderungen. Einfach da sein zu können, nichts zu müssen, war eine ungeheure Erlösung. In der Atemtherapie durfte ich einen Raum erfahren, wo ich keinen Anforderungen und Leistungsansprüchen zu genügen hatte und zudem nichts von mir selber, meinen Symptomen und psychischen Zuständen verbergen musste. Gleichzeitig begann für mich selber ein tiefgreifender Prozess des Erkennens und Annehmens. Eine wichtige Voraussetzung für meine Heilung war, den Widerstand gegen die Beschwerden abzubauen. Es bedeutete, das anzunehmen, was da war – alle Schmerzen, Verkrampfungen und Ängste. Die Atemtherapie half mir, das Belastende zu akzeptieren und dann loszulassen. Dadurch verlor es an Gewicht und Bedrohlichkeit. Das Annehmen war jedoch oft ein schmerzhaftes Geschehen. Der Schmerz war Teil des Heilungsprozesses und ermöglichte mir letztlich inneres Wachstum. Im Laufe dieser Entwicklung konnte ich zu mir selber zurückkehren und wieder mit meinen Kräften und Ressourcen in Berührung kommen, so dass etwas Neues entstehen konnte.

Die Arbeit mit dem Atem brachte mir neue Erkenntnisse über mich selber und das traumatische Geschehen. Mir wurde bewusst, dass mein Atem durch den Unfall und die erlebten Schreckensmomente blockiert worden war. Es hatte mir richtiggehend „den Atem verschlagen". Mein Atem war oberflächlich geworden, und vor allem das Ausatmen fiel mir schwer. Durch die regelmässigen Übungen fand ich nach und nach zu einem ausgeglichenen Atemrhythmus und konnte wieder bis in die Tiefe atmen. Über eine längere Zeitspanne standen meine Füsse und Beine im Zentrum der Atemarbeit. Zunächst ging es vor allem darum, dass ich – rein physisch – wieder Boden unter den Füssen bekam. Durch das Schleudertrauma war ich buchstäblich ins Leere katapultiert worden. Ich hatte keinen Bezug mehr zu meinem „unteren Raum", keine Empfindung mehr in den Füssen, Beinen und im Becken. Mein ganzes Bewusstsein hatte sich im oberen Raum, in Kopf, Schultern und Nacken konzentriert. In vielen Stunden übte ich mit meiner Therapeutin, mein Bewusstsein im unteren Raum zu sammeln und dadurch wieder Stabilität und Standfestigkeit zu erhalten. Ich erkannte, wie existentiell wichtig es für mich ist, meine Füsse und Beine für alle Schritte im Leben klar und gut als Fundament zu spüren.

Gleichzeitig wurde meine gesamte Körperwahrnehmung verbessert. Ich musste langsam lernen, meinen Körper als Ganzes zu spüren und auch positive Empfindungen wieder wahrzunehmen. Nach Jahren von Schmerz und chronischer Anspannung war das ein langwieriger Prozess. Doch nach und nach erlebte ich vermehrt klare und angenehme Körperempfindungen.

Dies war für mich rückblickend das Wesentliche meines Heilungsprozesses: dass die Atemtherapie mich wieder in den Körper zurückgeführt hat. Hilfreich war für mich in erster Linie, meinen Körper wieder spüren und empfinden zu können, und dadurch meine eigenen Kräfte, Halt und Vertrauen zu finden – in einer tieferen Art als vorher.

Mit der Rückkehr in meinen Körper gingen auch seelische und psychische Wandlungsprozesse einher. Durch das erlebte Trauma hatte ich jeglichen Halt in mir selber und im Leben verloren. Oft kam es mir vor, als seien meine Knochen ohne Haut und Hülle, und zugleich als sei meine Seele vollkommen ungeschützt. Mit dem Schulen der Empfindung – indem ich lernte, mit dem Bewusstsein an einer Körperstelle zu sein und dort zu bleiben – wuchs auch mein Gefühl für den eigenen schützenden Raum. Körperlich konnte ich meine Knochen mit mehr umgebender Haut empfinden, und gleichzeitig bekam meine Seele einen Schutzmantel.

Ich spürte, dass durch die Atemarbeit ein ganzheitlicher Heilungsprozess in Gang gekommen war, der sich körperlich, seelische und geistig auswirkte. Die Schmerzen, Verspannungen wie auch die Angst- und Panikzustände nahmen ab. Es war wunderbar, wenn ich in Momenten der Verbundenheit mit meiner eigenen Lebenskraft in Berührung kam, die im Innern noch irgendwo vorhanden war. Etwas in mir konnte wieder zu Lebendigkeit erwachen, das durch Schmerz und Angst vollkommen zugedeckt, nicht mehr spürbar gewesen war. Langsam wuchs eine tragende Hoffnung und Lebensmut.

Die Auswirkungen meines Genesungsprozesses zeigten sich auch im Alltag. Langsam, manchmal still und leise, entstanden neue, tragende Beziehungen zu Menschen, die mich mit meinem ganzen Sein kannten und annahmen. In meinem Entwicklungsprozess musste ich zudem lernen, auf meine eigenen Grenzen zu achten. Vorher war ich gewohnt gewesen, bis ans Limit und oft darüber hinaus zu gehen. Ich hatte immer viel Energie gehabt und diese bis ins Letzte ausgelotet. Jetzt war ich aufgefordert, achtsam auf mich selber, meinen Körper und mein seelisches Befinden zu hören und entsprechend zu handeln. Ich lernte, mich zurückzuziehen und Ruhepausen zu machen, bevor die Schmerzen und Erschöpfung zu stark werden. Ich ertrage viel weniger als früher, Sinneseindrücke überfordern mich schneller. Mein vegetatives Nervensystem ist nach wie vor störanfällig. Wenn ich überreizt bin, muss ich zu Hause bleiben. Ich mache dann Atemübungen, gehe mit meinem Hund in den Wald – so beruhigt sich mein Zustand wieder. Dies war eine wertvolle Erfahrung, zu merken, dass ich meinen Beschwerden nicht hilflos ausgeliefert bin, sondern durch frühzeitiges Reagieren das Ganze in erträglichem Rahmen halten kann. Auch in diesem Punkt hat mir die Atemtherapie viel geholfen – innere Ruhe, Achtsamkeit und ein Gespür für mich selber zu entwickeln.

Dabei ist mir bewusst geworden, dass es nicht einfach um Entspannung geht, wie oftmals gemeint wird. Einerseits bewirkt sicher Überspannung im Körper Blockierungen, Enge- und Angstgefühle, Verkrampfungen und Schmerzen. Aber auch Unterspannung führt zu Beschwerden wie Müdigkeit, Energiemangel, Unbeweglichkeit, einem Gefühl der Lähmung und Angst. Im Laufe der Atemtherapie lernte ich immer besser, eine individuelle, der Situation angemessene „Wohlspannung" zu erlangen und aufrechtzuerhalten. Das hat mir enorm geholfen, besser mit meinen Angstanfällen wie auch den Schmerzen umzugehen.

Weil die Atemtherapie mir selber so effektiv geholfen hat, fasste ich den Entschluss, selber die Ausbildung zur Atemtherapeutin zu machen. Diese drei Jahre waren für mich nochmals eine intensive Auseinandersetzung mit mir selber und meinen Erfahrungen. Doch auch in dieser Zeit durfte viel Heilsames geschehen. In der Einzelbehandlung konnte ich nach sechs Jahren erstmals überhaupt Berührungen im Kopf- und Nackenbereich zulassen. Es war für mich wie ein Wunder, dass Menschenhände das Ausmass des Schreckens in meinem Körper und des Drucks auf meinen Kopf erkennen und therapieren konnten.

Dadurch kam es in einer Stunde, die ich nie vergessen werde, zur eigentlichen Traumaauflösung. Es ist fast nicht möglich, mit Worten auszudrücken, was passiert ist. Durch die spürenden Hände meiner erfahrenen Atemtherapeutin erlebte ich so etwas wie eine Wiedergeburt in den eigenen Körper. Es war, als horchte sie mit ihren Händen mit Achtsamkeit und Hingabe in mich hinein, und dadurch konnte sich etwas lösen, entspannen, frei werden, das sich durch das traumatische Erleben blockiert hatte. Nach und nach entlud sich der immense Druck in meinem Kopf, ich erfuhr eine tiefgreifende körperliche und seelische Erlösung. Ja: Ich kam zu mir selbst zurück.

Heute fühle ich mich an einem ganz anderen Punkt als damals, bevor ich mit der Atemtherapie begann. Ich habe so viel Stabilität und Wissen um meinen Zustand erlangt, dass ich andere Menschen therapeutisch begleiten kann. Dies bedeutet mir viel mehr als bloss berufliche Tätigkeit. Ich habe das Gefühl, meine eigentliche Berufung, meine Lebensaufgabe gefunden zu haben. Durch meinen eigenen Leidensweg kann ich mich zutiefst in andere Menschen einfühlen und sie hilfreich unterstützen. Mein therapeutisches Fachwissen gibt mir den dazu nötigen Hintergrund. Es ist für mich berührend, wenn eine Klientin, die mich aufgrund schwerster Angst- und Panikzustände aufsuchte, nach längerer Therapie sagt: «Heute geht es mir gut. Die Angst hat ihre Macht über mich verloren.» Das bedeutet für mich Sinnfindung und Erfüllung. In Momenten wie diesen bin ich glücklich und dankbar. Dankbar, dass solche Wandlungsprozesse geschehen dürfen und ich vielleicht etwas dazu beitragen kann. Dadurch hat nicht zuletzt mein eigenes Leiden einen Sinn erhalten.

Ich bin denn auch mehr und mehr davon überzeugt, dass unser menschliches Leben nicht Zufall ist, dass hinter allem letztlich ein grosser Zusammenhang steht. Ich habe erfahren, dass es eine umfassende Kraft, eine Schöpfungs- und Wirkkraft gibt. So ist mir ein Ausspruch der Theologin Elisabeth Moltmann-Wendel richtungweisend geworden, der zugleich die Wichtigkeit der Erdung des Menschen wie auch die Verbundenheit mit dem „Himmel" thematisiert: «Wer die Erde nicht berührt, kann den Himmel nicht erreichen.» Ja, das stimmt für mich, denn Heilung bedeutet für mich vor allem, auf physischer und psychischer Ebene Halt und Vertrauen zu finden und die Kraft zu spüren, um sich aufzurichten. Dazu kommt mir spontan das Bild eines Baumes in den Sinn. Heil zu sein, bedeutet vielleicht, wie ein Baum zu sein: die Wurzeln fest im Boden verankert, die Äste dem Himmel entgegengestreckt.

Ähnliche Veröffentlichung im Buch „Wege der Heilung - Wege der Hoffnung" von Nora Haberthür

Autorin:
Nathalie Brunner, Jakobstrasse 2, 8400 Winterthur
e-mail: nabrunner@bluewin.ch, www.atem-quell.ch

Natürliches Heilen
...in greifbarer Nähe!

Natürlich gesund
gesund.ch

Heilpraktiker
& Therapeuten
...über 3500 Portraits von Praktizierenden

Es gibt Alternativen. Doch wo finde ich Hilfe? Wie finde ich eine geeignete Therapie und dazu die passende Therapeutin?

Endlich ein Buch, welches informiert und gleichzeitig den direkten Kontakt zu Heilpraktikern und Therapeuten ermöglicht. Hier finden Sie viele Angebote in nächster Nähe!

Ein nützliches Nachschlagewerk, für Hilfesuchende, Interessierte sowie für Praktizierende.

Buch gebunden, 400 Seiten, farbig nur **sFr. 24.-**

Hier finden Sie Hilfe:

- ca. 3400 Adressen von Praktizierenden mit Foto und persönlicher Angabe ihrer Tätigkeit
- über 100 Methoden- und Therapien werden kurz und leicht verständlich erklärt
- eine Übersicht von Verbänden und Vereinen der natürlichen Heilweisen
- Adressen von Schulen und Instituten
- viele Produkte und Dienstleistungen

www.gesund.ch

Jetzt bestellen: Tel.081 710 25 44   Fax 081 710 25 43

Verlag gesund GmbH, Sarganserstrasse 48, CH-8880 Walenstadt